I0427723

ESTRATEGIAS PARA UN GOBIERNO COMPETITIVO

Cómo Lograr Administración Pública de Calidad

Santiago Roel Rodríguez

México Enero 1996

Santiago Roel R

ISBN-13: 978-1511965545

ISBN-10: 1511965541

Agradecimientos y Reconocimientos.................................9
Prólogo a la 4ª Edición 11
PRÓLOGO a la 3ª edición 15
INTRODUCCIÓN.................................**29**
PRIMERA PARTE: POR QUÉ.................................**43**
Capítulo 1: La Necesidad del Cambio 43
Capítulo 2: Administración Tradicional vs.
Administración de Calidad 61
Capítulo 3: Modernización vs. Calidad 77
Capítulo 4: Reforma Administrativa de Fondo 81
Capítulo 5 :Duración, Costos y Riesgos 117
Capítulo 6: El Caso Nuevo León 123
SEGUNDA PARTE : COMO LOGRAR EL CAMBIO.................................**145**
Capítulo 7: La Planeación 145
Capítulo 8 : La Presupuestación 157
Capítulo 9: Infraestructura para el Cambio 165
Capítulo 10: El Cliente y los Servicios 175
Capítulo 11: El Liderazgo 191
Capítulo 12: Trabajo en Equipo 195
Capítulo 13: Enfoque a los Procesos 199
Capítulo 14: Herramientas 205
Capítulo 15: La Verificación 221
Capítulo 16: Educación y Capacitación 229
Capítulo 17: La Comunicación.................................235
TERCERA PARTE: LA MEJORA CONTINUA **239**
Capítulo 18: La Mejora Continua y las Variables de
Control.................................239
Capítulo 19: El Amarre Cultural 253
CUARTA PARTE: COMO INICIAR EL PROCESO.................................**257**
Capítulo 20: Los Primeros Pasos.................................257
CONCLUSIÓN: LA VISIÓN DE UN MÉXICO COMPETITIVO 261
BIBLIOGRAFÍA 265

Santiago Roel R

Perfil del Autor

Santiago es especialista en sistemas de Calidad en el sector público y en empresas e instituciones de servicio. Se ha desempeñado en los tres niveles de gobierno: municipal, estatal y federal. Algunos de sus puestos más relevantes han sido:

- Director de Modernización del Gobierno de Nuevo León (91-92)

- Coordinador de Planeación y Secretario Técnico del Gobierno de Nuevo León (92-93).

- Oficial Mayor del Gobierno de Nuevo León (93-95).

- Director General del Centro de Capacitación y Calidad de Nuevo León (95-96).

- Responsable del Programa de Modernización del Gobierno Federal (96-98)

- Director General de RRS y Asociados, SC.

- Fundador del Semáforo Delictivo

Es autor de 5 libros:

- Información: La clave para entender la complejidad (2013)

- Cómo emerge el Orden en los Sistemas Sociales (2012)

- **Estrategias para un Gobierno Competitivo**: Cómo lograr Administración Pública de Calidad (1996)

- **Entre el Águila y la Serpiente**: Visión de un México Moderno (1998)

- **Entre el Orden y el Caos (Historia del Semáforo Delictivo o cómo reducir** radicalmente la delincuencia) (2009)

En el ámbito nacional, es considerado el pionero en Calidad para gobierno y destaca por su habilidad práctica para aterrizar sistemas de planeación y medición a través de indicadores de desempeño, desde lo estratégico, hasta el control de Calidad en los servicios.

Es considerado un pionero en Sistemas Sociales Complejos y Teoría del Caos aplicado a lo social.

Es el creador del Semáforo Delictivo metodología y herramienta de toma de rendición de cuentas y toma de decisiones con las que algunos estados y municipios han bajado radicalmente la delincuencia. Esta herramienta se puede consultar en www.semaforo.mx

Para mayores informes contactar al autor en prominix@gmail.com en la página www.prominix.com

Su Facebook es Santiago Roel R

Su Twitter es @semaforodelito

Dedicatoria

A todos aquellos que decidieron enfrentar su propia sombra y supieron convertir lo negativo en positivo, lo inútil en útil, la enfermedad en salud, la debilidad en fortaleza, la duda en aprendizaje, los enemigos en maestros, la ira en perdón, la crisis en crecimiento, la crítica en creatividad, lo particular en universal.

A todos aquellos que saben que es posible tener un gobierno de Calidad y que todos los días trabajan por ello.

Santiago Roel R

Agradecimientos y Reconocimientos

A Sócrates Rizzo García, gobernador de Nuevo León, por haber liderado el proceso de cambio en el gobierno de Nuevo León. A la fecha, no ha habido otro gobierno estatal o municipal en México que haya entrado al 100% en un proceso hacia la Calidad Total o en una Reforma Administrativa como lo hizo la administración de Nuevo León en el periodo 1992-1996. Ese es mérito que aun no se le reconoce.

Muchos de los sistemas y procesos que entonces se implementaron aun persisten, a pesar de los vaivenes de la política y de los siempre presentes sucesores inmaduros que queriendo desvirtuar la labor de su antecesor, acaban por montarse en sus logros. Ese es el mejor reconocimiento que un enemigo pueda otorgar.

A Javier Lamas Elizondo, excelente consultor de Calidad, quien con su experiencia, inteligencia y afabilidad supo sortear los obstáculos que la política siempre lanza y nos ayudó a perfilar una visión, a conformar estrategias y a concretar los cambios. Javier fungió como el asesor técnico y en administración que todo político requiere. Sacrificó 5 años de su carrera como asesor privado y sufrió los inexorables embates de los procesos de cambio.

A Juan Manuel Cavazos Uribe, líder del sindicato de burócratas del estado, quien apuntaló el proceso con inteligencia y valentía. Un gran aliado en el proceso de cambio.

A todos los consultores externos e internos, quienes aportaron largas horas de trabajo y creatividad. De todos ellos aprendí el arte de hacer práctico un cambio de sistema con paciencia y con optimismo, siempre con optimismo.

A todos los servidores públicos de todos los niveles, que apoyaron la reforma. Fueron ellos quienes dieron los primeros signos visibles de que la Calidad en gobierno era factible y nos impulsaron a seguir adelante.

A todos los servidores que se opusieron al cambio. Fueron ellos quienes nos impulsaron a replantear nuestras estrategias para hacerlas más efectivas y vendibles.

Sin estos actores, el cambio no se hubiera dado.

Finalmente, a los que por inmadurez, en algún tiempo consideré mis enemigos, y que ahora veo como maestros que aparecieron en el momento oportuno para ayudarme a entender mis propios lados obscuros, mis lados débiles, mi soberbia, mi falta de conexión con el gran sistema, el Sistema Universal.

Prólogo a la 4ª Edición

De acuerdo al **Reporte de Competitividad Global 2008-2009**, de el **Foro Económico Mundial**, que mide la competitividad de los países, México descendió 8 lugares: del lugar 52 al 60.

Con mejor ranking que México se encuentran entre otros:

EUA (1)
Canadá(10)
Taiwán (17)
Malasia(21)
Chile (28)
España(29)
China(30)
Kuwait (35)
Puerto Rico (41)
Sudáfrica (45)
India (50)
Rusia(51)
Botswana (56)
Costa Rica (59)

El estudio utiliza 12 variables básicas como pilares de la competitividad: Los Básicos, los Reforzadores de Eficiencia y los Factores de Innovación y Sofisticación.

A continuación las subcategorías que se utilizan y el ranking de México entre paréntesis.

Los Básicos (60):
- Instituciones (97)
- Infraestructura(68)
- Estabilidad Macroeconómica(48)
- Educación Primaria y Salud (65)

Reforzadores de eficiencia (55)
- Educación superior y capacitación (74)

- Eficiencia del mercado de bienes (73)
- Eficiencia del mercado laboral (110)
- Sofisticación del mercado financiero (66)
- Capacidad tecnológica (71)
- Tamaño del mercado(11)

Factores de Innovación y Sofisticación (70)
- Sofisticación de negocios (58)
- Innovación (90)

Como verán, las variables que más contribuyen al índice de competitividad de México son el Tamaño del mercado (11) que no es mérito de nadie más que de la natalidad y Estabilidad Macro-económica con un ranking de 48.

Las que más deterioran la competitividad son: Eficiencia del mercado laboral (110) y la variable de Instituciones con un ranking de 97.

Queda claro que la ineficiencia administrativa del gobierno es uno de los lastres de México en la competitividad mundial.

Pero el estudio nos da más detalle de un tercer nivel de variables que explican cada factor. El pilar de instituciones, que es el que nos interesa se detalla de la siguiente manera:

Después de los factores de crimen organizado e inseguridad que son los que más arrastran el índice hacia abajo, vienen los de exceso de regulación gubernamental, falta de confianza en los políticos, favoritismo en las decisiones gubernamentales. Todas estas tienen que ver con mal gobierno.

En resumen, el mal ranking de México en competitividad sigue causado en gran parte por el mal gobierno, por la corrupción y por la inseguridad. Por más esfuerzos que se hagan por parte de empresas, trabajadores y de los propios burócratas, si no se lleva acabo una reforma administrativa a fondo, seguiremos cargando con el lastre del mal gobierno.

Estamos tratando de competir contra el mundo pero tenemos una mano atada y esa mano es la falta de competitividad en gobierno; en lugar de que el gobierno encabece el esfuerzo, nos rezaga.

Urge una reforma administrativa a fondo en el Gobierno Federal, en los gobiernos estatales y en los gobiernos municipales, pero en esto, el ejemplo debe ser del gobierno federal.

¿Qué pasa en México que carecemos líderes políticos que entiendan esto que es tan simple de entender?

Agosto 2009

PRÓLOGO a la 3ª edición

¿Qué ha sucedido desde que se escribió este libro en 1996?

Este libro fue escrito en 1996 en mis últimos meses como funcionario de Nuevo León y a punto de ingresar al gobierno federal. A continuación relato mi visión muy personal de lo que ha sucedido desde entonces.

La década de los 90, o mejor dicho, el primer lustro de ella, fue una época gloriosa en cuanto a cambios y administración. México se reconvertía a pasos agigantados. Nos abrimos al mundo. Entramos al TLC. Logramos una apertura política. Ingresamos a la OCDE. Aprendimos que era necesario conectar el sistema económico y político al entorno, en lugar de seguir sufriendo la entropía de un sistema cerrado.

La palabra de moda era la modernización y todos le apostábamos a ella. Nuestro impulso era llevar a México hacia la competitividad internacional. Nada parecía imposible en esos años.

En Nuevo León, Sócrates Rizzo, combinó ese impulso modernizador con la tradición de Calidad del Estado de Nuevo León y le puso apellido a la modernización. Desde entonces, no he visto a ningún político que compre un proceso de cambio administrativo como él lo compró y lideró. En aquel entonces, continuamente recibíamos visitas de otros gobiernos estatales que al igual que nosotros, querían mejorar radicalmente su administración. Poco a poco, fuimos interesándonos cada vez más en llevar a todo el país hacia la reforma administrativa.

Sin embargo, 1994 nos mostró la cara más negra del país. El crimen político, el narcotráfico, la guerrilla, la persistente desigualdad económica y social , y en general, la inmadurez política del sistema, todo hizo crisis en un solo año.

En esa vorágine fue envuelto el gobierno estatal. En abril de 1996, en una típica maniobra del sistema antidemocrático, fue depuesto el gobernador. El cambio de gobernador fue manipulado por un manojo de intenciones ocultas, por una energía más baja, más densa.

Ese era un golpe no sólo para el gobernador y la comunidad, sino fundamentalmente un golpe al mayor logro de Rizzo, la reforma administrativa, aun no consolidada, pero sí generalizada en todo el gobierno estatal.

Nunca se puede atacar a un rival fuerte, por lo tanto, el desprestigio es necesario para debilitarlo. El golpeteo fue despiadado, personal y sádico. Para algunos de nosotros con poca experiencia en gobierno fue un momento muy desagradable y los capítulos que siguieron fueron peores ya que veíamos la intención, abierta y cínica, de desarticular la reforma administrativa.

Afortunadamente, unos meses antes, habíamos logrado contagiar a la nueva administración del gobierno federal de la necesidad de llevar acabo la reforma pendiente, la reforma administrativa. En ese mismo mes de 1996, fui invitado por el Secretario de La Contraloría y Desarrollo Administrativo (ahora Secretaria de la Función Pública) para ocupar el puesto vacante de Jefe de la Unidad de Desarrollo Administrativo, área encargada de desarrollar e implementar un programa de modernización administrativa. La Secodam había tomado el ejemplo de Nuevo León y con la ayuda de algunos consultores ingleses, había conformado el PROMAP o Programa de Modernización de la Administración Pública.

El PROMAP era un magnífico texto, firmado por el nuevo presidente, Ernesto Zedillo y obligatorio para todo el gobierno federal. Pero como suele suceder, el programa corría el riesgo de quedarse en papel, pues carecía del método, la estrategia y los recursos para llevarlo acabo. Peor aun más, carecía del indispensable liderazgo del propio Presidente.

En Nuevo León el proceso de cambio había sido liderado por Rizzo, en el Reino Unido, la primer ministro Thatcher había encabezado el esfuerzo. Clinton, como gobernador de Arkansas, también había entendido y liderado el proceso, y una vez de presidente, nombró al vice-presidente Gore, como encargado de la reforma.

Nosotros en cambio, no contábamos con el apoyo de Zedillo. Tampoco contábamos con el entendimiento y apoyo de nuestro jefe inmediato, el secretario de la Secodam, Arsenio Farell. Ocupábamos un tercer nivel (equivalente a una subsecretaría) en la organización federal y desde ahí teníamos que lograr el cambio.

Farell era un hombre de setenta y tantos años, al final de su carrera. Muy curtido en las lides burocráticas y con un profundo conocimiento del sistema actual, pero sin el afán de reforma.

Para él, un buen colaborador debía: Vestir bien (no traer desaliñada la corbata), nunca contradecir al jefe, acatar las órdenes sin cuestionamientos, tener el tiempo para escuchar sus disertaciones sobre la vida, estar pegado a la red para el caso de que él llamara y no irse a la casa antes de que él partiera. En pocas palabras, todo lo que el sistema tradicional refuerza y todo lo contrario a lo que la Calidad Total busca en un equipo de trabajo.

A cambio de eso, sus colaboradores recibirían su apoyo absoluto. Un ataque a cualquiera de "los suyos" lo tomaba como un ataque personal y lo defendía a su estilo: Con crudeza.

Esta última parte se la agradecí profundamente, pues en Nuevo León, algunos obscuros funcionarios, algunos de los cuales terminaron más tarde en la cárcel, se afanaban en hacerme picadillo por haber colaborado con la administración de Rizzo.

Pero su otra parte chocaba profundamente con mi estilo personal y profesional. Fue todo un reto el sobrellevar una relación profesional con él y aunque hubo momentos de afecto y entendimiento, nunca pude doblegarme y él nunca pudo entender esto.

Su secretaría tenía dos misiones: Transparentar la actividad gubernamental y llevar acabo el proceso de cambio, pero él sólo veía la oportunidad de incrementar el ya de por sí absurdo control interno del gobierno federal. Si el cambio se daba, era sólo para fortalecer a la Secodam y para infundir más terror a los muy aterrorizados funcionarios. Cuando lo que se requería, de acuerdo al propio PROMAP, era justamente lo contrario: Reducir los controles internos de la Secodam y de la Secretaría de Hacienda, para responsabilizar a todas las dependencias de su propia actuación.

No es fácil explicar esto pues rompe con el paradigma fundamental del control, pero como dice Margaret Wheatley, lo que buscamos es el orden, no el control del sistema y lo que se provoca con tantas normas internas es justamente lo contrario al orden: el caos. No hay sistema más caótico que el sistema de gobierno federal.

En fin, esas eran nuestras limitaciones. Obstáculos muy difíciles de vencer pues es imposible llevar a cabo un proceso de cambio en cualquier organización sin el apoyo de su líder máximo. Curiosamente, siempre he creído que el Presidente Zedillo contaba con los valores necesarios para la reforma (honestidad, sencillez, respeto, modestia), pero nunca hubo oportunidad de explicarle la cultura de Calidad Total ni la estrategia del programa que él mismo había promulgado.

Dialogué con el compacto equipo de la UDA sobre los riesgos de intentar un cambio sin el apoyo presidencial y decidimos, con mucho idealismo, hacer el intento a pesar de no contar con las condiciones mínimas requeridas.

Nos dedicamos a diseñar la metodología del PROMAP. Los servidores públicos debían aprender nuevos valores, conceptos y herramientas de la Calidad. Editamos guías técnicas muy prácticas para impartirse en talleres muy de corta duración (1 a 2 días).

En ese camino, descubrimos un nuevo obstáculo. No existía en el gobierno federal un sistema de capacitación. No había aulas, ni instructores, ni instalaciones para capacitar a los burócratas federales. ¡Un millón y medio de burócratas sin capacitación sistemática!

Por tanto, diseñamos una guía para hacer estos centros de capacitación en Calidad o CECAL como los habíamos nombrado en Nuevo León. Hago un paréntesis: Mientras en Nuevo León, el CECAL se desarticulaba por los sucesores, en el gobierno federal habríamos un nuevo CECAL por mes. Hoy todavía perdura el CECAL en Nuevo León. Le cambiaron de nombre pero la gente lo sigue conociendo como CECAL.

Si no había CECAL, aprovechábamos cualquier oficina o salón, para juntar a los Directores y Jefes de Departamento para abrirles la conciencia, motivarlos y dotarlos de las herramientas necesarias. En lo personal, tuve contacto, en 2 años, con casi 17 mil servidores públicos de nivel directivo y medio. Lo nuestro era una cruzada. La UDA pudo llegar a todo el primer nivel del gobierno federal: Directores, jefes de departamento, analistas y en algunos casos, subsecretarios.

Otra parte de nuestra estrategia era la de asignar a uno de nuestros consultores a cada secretaría o dependencia para guiarlos en el proceso, tal como lo habíamos hecho en

Nuevo León. Muy pronto nos convertimos en aliados de miles de funcionarios quienes nos veían como sus defensores ante los excesos de la Secodam y la SHCP. A "soto voce", empezamos a contaminar el sistema tradicional con el virus del cambio y si no a desestabilizarlo, por lo menos a sembrar dudas y apertura entre los servidores públicos. Comprobamos que no hay nada que más motive a un empleado que el poder de hacer cambios o como todo ser humano, a transformar su realidad a mejorarla, a crear belleza, eficiencia y energía positiva.

Encontramos un aliado poderoso, la propia subsecretaría de Egresos de la SHCP y en especial, la Dirección General de Política y Control Presupuestario a cargo de Jorge Chávez Presa. Junto, con ellos, pudimos reducir la cantidad de normas internas en el intento de flexibilizar las posturas de control de la SHCP. Igualmente, contribuimos a la Nueva Estructura Presupuestaria. Esta NEP era un buen esfuerzo por cambiar el paradigma del presupuesto para agregarle lo que nunca había tenido. En lugar de poner énfasis de quien gasta y en qué gasta, la NEP pretendía incorporar el para qué se gasta. Es decir, un enfoque a resultados como lo manejan los miembros más avanzados de la OCDE.

Australia por ejemplo, cuenta con uno de los sistemas presupuestarios más eficientes. Su enfoque es muy sencillo. Las secretarías se comprometen públicamente a lograr resultados y a cambio de eso, se les da un techo presupuestal, que pueden ejercer con libertad. No hay más subdivisiones y restricciones que las ordinarias de honradez y eficiencia.

En Nuevo León nunca habíamos contado con el apoyo de la Secretaría de Finanzas, por lo que valoramos esta alianza y la fomentamos. Sin embargo, de inmediato surgieron desconfianzas en la Secodam pues siempre se habían visto con recelo ambas secretarías y en su afán de ganarse la partida del control, le complicaban la existencia a todos los servidores públicos con sus desplantes de poder.

No todas la secretarías nos recibían con gusto y como aliados. Recuerdo a la Secretaría de Relaciones Exteriores como una de las secretarías con mayor resistencia y quizá en segundo lugar, y con mayor trascendencia, a la Secretaría de Educación. En ésta última, exponíamos el PROMAP ante la mayoría de los directores de esa secretaría y con soltura insistíamos en los "clientes" de gobierno. A la mitad de la exposición se levantó el entonces oficial mayor y me dice: "Santiago, creo que en esta secretaría hay que usar la palabra usuario en lugar de cliente". A lo que respondí: "La palabra cliente es muy importante en la cultura de Calidad, pero si a la mayoría de los presentes le molesta, no importa, con tal de que sirvan a sus usuarios como clientes que son. Me gustaría sin embargo, ser fiel a los conceptos de la Calidad y hacer una encuesta en este momento: Que levante la mano el que se opone a que sigamos usando la palabra cliente."

El oficial mayor no daba crédito a mi insolencia y lo que es peor, sólo había otra mano levantada entre un público a parte de la suya. "Hecho", dije, "por mayoría de votos, seguiremos usando la palabra cliente en la SEP, ¡felicidades!."

A veces avanzábamos a pasos agigantados a veces, unos cuantos centímetros, pero nos motivaba sentir que el gran aparato burocrático empezaba a moverse en un nuevo paradigma, cuestionando los sistemas y procesos existentes, poniendo a prueba nuevas actitudes, pensando en sus clientes, comprometiéndose con ellos a través de estándares e indicadores, utilizando indicadores de desempeño, encuestando la satisfacción de sus clientes, pensando continuamente en mejorar el sistema.

Como consultores de la Secodam, actuábamos con una actitud modesta y sencilla, con un lenguaje fresco que contrastaba con la actitud tradicional, prepotente y acartonada de la Secodam. Eso quizá era lo que más ganaba adeptos.

Al año de estar avanzando en el PROMAP, el secretario pidió informes y le preparamos un informe detallado. Al final de la presentación, Farell arremetió contra nosotros muy a su estilo: con rudeza. Quería tener un sistema de calificación para saber cómo iba cada dependencia respecto a su cumplimiento del PROMAP. Eso era todo lo que le interesaba: quería poder informarle al Presidente con datos, quería acusar a los incumplidos.

En la forma se equivocaba pero en el fondo tenía razón. Con un sistema de medición podríamos apalancar el proceso de cambio, pero con una salvedad: Él, en su paradigma, lo quería para infundir terror en el gobierno, nosotros para motivar. En Nuevo León, premiábamos a los mejores, no castigábamos a los peores. Cada año celebrábamos una Reunión de Calidad en la que el gobernador premiaba a los equipos ganadores. Ese reconocimiento público valía más que cualquier bono económico.

En unos meses logramos lo que Farell quería: un sistema objetivo de auto-evaluación. Cada dependencia, cada secretaría, cada unidad responsable podía ser medida y evaluada en su proceso a hacia la Calidad. La herramienta empezó a funcionar como una gran palanca hacia el cambio. Tanto, que llegamos a pensar que no haría falta el apoyo presidencial pues estábamos moviendo al sistema en la dirección correcta con los datos. Sin embargo, tuvimos un grave error de cálculo, la Secodam salía mal calificada.

La respuesta era obvia, Farell estaba enojado ante el pobre desempeño de la propia secretaria. El asunto empeoró cuando el Presidente pidió un informe de avances del PROMAP. La Secodam, aun con maquillaje de por medio, no iba a quedar muy bien parada o por lo menos, no como la quería el secretario. Resultaba que el gran auditor ahora sería el auditado o como decimos en México, un poco de "agua de su propio chocolate".

Tanto fue su temor, que Farell movió sus hilos para que no asistiéramos a la reunión. Ahora él, personalmente, "le informaría al Presidente de cómo iban las cosas" y preparó el típico informe de muchas letras y pocos números, de muchas opiniones y pocas evidencias.

En ese momento, entendimos que la guerra se había perdido y que nuestros días como pioneros de la Calidad en el gobierno federal estaban contados. La reforma administrativa había avanzado a tal grado que ya provocaba incomodidades. Habíamos desestabilizado al sistema (lo que debe hacerse) para llevarlo al cambio y éste reaccionaba con fuerza en nuestra contra.

Afortunadamente, la reunión fue cancelada por el presidente, no sé si por azares del destino o porque algo le olió mal. Ese fue el parte-aguas, de ahí en delante el PROMAP pasaba a ser un programa menor, un trámite sin riesgo para el sistema.

A sabiendas de que nos quedaba poco tiempo, seguimos trabajando. Preferíamos seguir avanzando con el programa que distraernos con los ataques de la propia Secodam o mejor dicho de los fieles "si señor" del secretario.

La situación llegó a lo cómico. Farell como buen abogado, buscó evidencias para poder removernos. Convocó a todo el primer nivel de la secretaría para que ante nosotros, expresaran sus críticas del PROMAP y de nuestras metodologías. Nadie hablaba. Por fin Farell, un tanto desesperado, se dirige a una de sus más fieles colaboradoras. "Doña Olga, dígame, qué opina, dígalo con libertad" Ella contestó: "Señor, secretario, en efecto, cómo nos molestan estos muchachos de la UDA con la necesidad de tener estándares de servicio y medir la satisfacción del cliente. Eso nos causa mucho trabajo." Hizo una pausa en la que Farell esbozó una gran sonrisa. "Pero" continuó, " si viera usted cuánto nos ha servido". Ese fue el fin de la reunión, Farell salió enojado.

La relación con Farell se deterioraba por días. Todo lo que hacíamos le molestaba. Por tanto, nos avocamos a buscar a los siguientes. ¿Quiénes eran? Pues los que podrían llegar a ocupar la presidencia de México en un futuro. Entre ellos, a Vicente Fox, gobernador de Guanajuato y a Roberto Madrazo, gobernador de Tabasco.

También visitamos a otros actores importantes. Uno de ellos, Manuel Camacho, me advirtió, "Santiago, estás siendo grabado y seguido por el gobierno."

Con Fox, entramos en contacto a través de su "asesor" de Calidad Ramón Muñoz, con Roberto Madrazo, entonces gobernador de Tabasco, de manera directa. Mi venta fue sin rodeos: "Roberto, algún día vas a estar aspirando seriamente a la presidencia de México y es importante que sepas lo que es la reforma administrativa." Nuestro afán no era partidista sino informar a los posibles sucesores de la necesidad de contar con un gobierno competitivo.

Curiosamente, al renunciar a la UDA, la primer llamada que recibí en mi celular fue de Roberto y de ahí surgió un interesante programa en algunas áreas del gobierno de Tabasco en donde en otras cosas, se lograron reducir los índices de criminalidad en más de un 50%, en menos de un año, sin incremento de violaciones a derechos humanos y sin necesidad de recursos adicionales. Todo ello, con conceptos y métodos de Calidad Total y con la actitud honesta y valiente de la procuradora: Patricia Pedrero. Ese, entre paréntesis, es el origen del Semáforo Delictivo©.

En el sexenio de Zedillo, en resumen, se perdió la gran oportunidad de la reforma administrativa. El PROMAP era un buen programa y creo que logramos conformar una sólida metodología y una estrategia práctica, pero la falta de apoyo del presidente y la resistencia expresa de la propia Secodam resultaron ser obstáculos invencibles. El enemigo estaba en casa.

Fox hizo esfuerzos por seguir adelante con la reforma o mejor dicho con algunos pedazos de ella, esfuerzos parciales, a medias. Pero le apostó demasiado a la reforma fiscal, laboral y energética, que en última instancia dependían del Congreso y olvidó que la reforma administrativa estaba en sus manos.

La SHCP sigue infundiendo terror al interior y exterior del gobierno. El sistema administrativo del gobierno federal sigue siendo inhumano e ineficiente. Los burócratas federales trabajan mucho y logran pocos resultados.

En los gobiernos estatales han habido algunos intentos aislados, pero en todos ha faltado el ingrediente principal: El entendimiento y compromiso del propio gobernador. Sin ese liderazgo es imposible realizar la reforma.

Los gobiernos municipales siguen enfrentando su corta existencia y el exceso de presión de sus clientes, no hay manera que se salgan de lo urgente para atender lo importante.

La reforma administrativa no se ha dado en México. Los índices de delincuencia suben, la insatisfacción de los clientes y ciudadanos cada día es mayor. El narcotráfico a penetrado todas las esferas de gobierno, los servicios de gobierno no han mejorado. Somos el miembro más renuente y atrasado de la OCDE. Cada día perdemos terreno ante otros países en materia educativa, energética, fiscal y económica. Cada día somos menos competitivos.

En el gobierno, los políticos siguen manipulando a su antojo el sistema administrativo. No hay un servicio civil independiente y eficiente que pueda hacer carrera sin tener que adular al político en turno.

El TLC y la apertura comercial ya han dejado de ser un factor de cambio. Si no eficientamos radicalmente nuestros gobiernos, seguiremos cargando con el lastre del mal gobierno y perdiendo competitividad ante el mundo.

La alternancia en el poder ha demostrado igualmente que no porque cambien los actores cambia el sistema. El sistema es mucho más poderoso que los actores así sean mal o bien intencionados. Como decía Deming, un empleado sólo puede mejorar los resultados en un 15%, para lograr mejoras arriba de ese porcentaje hay que cambiar el sistema y esa es responsabilidad de los directivos.

Este libro fue escrito con un fin muy práctico que sigue siendo vigente: Dotar a los funcionarios públicos de los valores, conceptos y herramientas de una manera práctica y sencilla para que puedan realizar el cambio de sistema hacia la Calidad. El liderazgo necesario para cambiar el sistema, sin embargo, es de cada uno.

Este país está urgido de historias de éxito. Nuevo León, a pesar del trágico final de la administración de Rizzo, dio muchas historias de éxito al país.

Dicen que la energía de alta frecuencia neutraliza a la energía de baja frecuencia, y no sólo eso, que un ejemplo positivo, contrarresta 90 mil ejemplos negativos. Por eso es importante que sigamos luchando desde nuestras diferentes posiciones por elevar la energía positiva en México.

Me preocupa que no exista el liderazgo necesario en los políticos para llevar acabo esta reforma administrativa. Pero, a fin de cuentas, ferviente creyente en la Calidad y en la Teoría del Caos, yo pongo mi visión en que el cambio se dará con la voluntad o sin la voluntad de los políticos, porque los cambios se dan por necesidad y este país como tantos otros en Latinoamérica, lo requieren. Se dará por el liderazgo que cada uno de nosotros podamos ejercer desde nuestra trinchera, desde nuestro punto de contacto con el sistema.

Por un México mejor,
Santiago Roel Rodríguez
Abril 2005

INTRODUCCIÓN

¿Calidad Total en el Gobierno?

Cuando se habla de Calidad todos piensan en alguna industria japonesa, quizá en una nacional que ya haya logrado este reconocimiento. Otros que conozcan más el tema quizá piensen en alguna empresa de servicio que ya está ejerciendo la Administración de Calidad Total. Pero si decimos que es posible aplicarla en el gobierno todos levantarán la ceja en actitud de asombro.

¿Es posible pensar que un empleado de gobierno considere al ciudadano como su verdadero jefe y se preocupe por servirlo? ¿Es posible alcanzar servicios públicos de excelencia que contribuyan a la productividad de la sociedad? ¿Es posible que la toma de decisiones sea con fundamento en la estadística y de acuerdo a lo que la comunidad demanda y desea? ¿Es posible que el gobierno se dedique a lo importante? ¿Es posible que el empleado gubernamental trabaje en equipo y tenga valores de honestidad, responsabilidad y modestia? ¿Es posible acabar con el autoritarismo, el centralismo, el abuso de poder y la prepotencia?

¿Es posible acabar con las crisis económicas a fin de cada sexenio?

¿Es posible evitar la corrupción?

Ustedes darán mil razones para justificar que la Calidad es terreno prohibido o meta inalcanzable para la burocracia. Los argumentos más conocidos son la falta de competencia, los sueldos bajos, las estructuras complejas, la apatía, el cliente cautivo o simple y llanamente, la costumbre. Otros quizá, quieran ahondar en sicología y razonar que el empleado gubernamental está hecho de otra madera pues carece de ambición, preparación y actitud de servicio.

No los culpo, nuestro país está lleno de malos ejemplos que nos refuerzan este paradigma. Así pensaba yo. Sin embargo, en los últimos años, he sido parte de una profunda reforma administrativa en el sector público. Como consultor de Calidad en gobierno, he trabajado - junto con un buen equipo de colaboradores - con el gobierno estatal de Nuevo León, el Ayuntamiento de San Pedro Garza García y el de San Nicolás de los Garza (Nuevo León) el gobierno de Oaxaca, Tamaulipas, Coahuila y Aguascalientes, CONALEP y la Secretaria de la Contraloría y Desarrollo Administrativo de la Federación.

Como observador, he visto historias de éxito en otros estados y otros países.

Los resultados que he visto me motivan a escribir este libro con el fin de cambiar la visión negativa de la administración pública. Deseo provocar un cambio en los servidores públicos y en los ciudadanos pues sólo así podremos hacer competitivo al gobierno.

Las empresas e instituciones reaccionan a su medio ambiente. Si los mexicanos exigimos Calidad al gobierno, obtendremos Calidad; si en cambio, nos conformamos con los existente, estaremos reforzando la ineficiencia y frenando la posibilidad de una transformación. Estaremos apuntalando el paradigma existente.

Tan aliado de la Calidad es un cliente insatisfecho como un empleado de gobierno que lleva años tratando de hacer sugerencias y ha sido apabullado por el sistema.

No es fácil cambiar la cultura y los sistemas de trabajo, pero a diferencia de la creencia popular - y esto es lo importante - no es más difícil lograrlo en el gobierno.

Cierto que la administración pública tiene sus propias variables: Un periodo corto de gestión, la pluralidad de clientes con intereses encontrados, la falta de experiencia administrativa en los funcionarios, el cambio continuo de mandos superiores, los factores políticos, la falta de competencia y sobretodo, la incredulidad interna y externa. Estas variables agregan complejidad al proceso y - sin duda - deben tomarse en cuenta para la reforma.

Pero, por el otro lado, hay factores que facilitan la disposición al cambio: Los procesos administrativos no son tan firmes como en las empresas, los medios de comunicación y los partidos de oposición constantemente presionan y las áreas de oportunidad (lo que no funciona y debe cambiarse) son sumamente obvias.

Estos factores crean la conciencia de una necesidad de cambiar. Ese es el primer paso que toda organización debe dar para llegar a la Calidad Total pues nadie cambia si no tiene necesidad de cambiar. El segundo paso es aceptar el reto y lograr el compromiso de los líderes, el tercero es utilizar una metodología poderosa.

La Reforma Económica

México, como otros países, ha llevado acabo una profunda reforma económica. Para lograrla tuvo que redefinir la frontera entre lo público y lo privado, es decir, tuvo que hacer una reforma de estado, una reforma que redujera el quehacer del gobierno con relación a la sociedad. El gobierno achicó su esfera de acción y liberó recursos hacia el individuo y la comunidad.

Esta nueva relación reconoce que el gobierno no es bueno para administrar empresas de tipo privado, que su poder para transformar la sociedad es limitado y que su intromisión en el campo de la inversión productiva es contraproducente pues distrae recursos financieros que deben aplicarse a actividades más rentables; su actividad directa distorsiona mercados cuyo papel es precisamente, el asignar recursos con eficiencia.

El estatismo genero inflación, desempleo e improductividad; provoco concentración de poder, abuso de autoridad y corrupción. Provocó el descuido y el deterioro de los servicios públicos tradicionales como las comunicaciones, la justicia y la seguridad pública, y de otros servicios menos tradicionales como la planeación urbana, el cuidado del medio ambiente y la educación. Pero lo que es peor, dejó al cliente externo con poco poder de negociación.

No cabe duda que su misión no es producir bienes y servicios que otros pueden hacer más eficientemente; su papel no es la de jugar al banquero, al industrial, al comerciante o al periodista.

Tampoco es la de jugar al dios y suponer que puede regular el mercado, la productividad o el desempleo. El costo de esa ilusión es muy caro.

No todo es materia de privatización a empresas privadas. Hay una tercera opción que se relaciona con las instituciones de beneficencia, no-gubernamentales o "non-profits". Empresas cuya misión no es la de generar utilidades sino la de satisfacer necesidades de salud, educación, cultura, deportes o recreación de la comunidad.

Esta es una parte de la reforma de estado que aun no se define en México. Seguimos sufriendo mucha injerencia gubernamental en estos campos. Recursos que pueden ser invertidos con mayor rentabilidad social por empresas de beneficencia se desvanecen en la burocracia.

El gobierno ha descuidado sus servicios básicos, primarios, tradicionales. Ha descuidado los tribunales, el registro de la propiedad y del comercio, el registro civil, el ministerio público, las policías, la prevención de delitos, la defensoría de oficio, los centros de readaptación, la investigación judicial, la planificación urbana, el medio ambiente, la justicia laboral, los tribunales, los servicios urbanos y todos aquellos servicios propios del gobierno municipal, estatal o federal, incluyendo, por supuesto, las elecciones.

Mientras no pueda con ellos, mientras no haya satisfecho a sus clientes, no debe ocuparse de actividades secundarias que lo confunden y distraen de su verdadera misión.

Sin embargo, no es momento para ahondar en la reforma de estado o provocar discusiones o juicios prematuros, mi propósito es proponer una reforma que se ha dejado de lado y que debe seguir a la reforma económica: La reforma administrativa.

Reforma Administrativa

El gobierno tiene menos que administrar, pero esos servicios que ha conservado, deben administrarse con eficacia y transparencia; deben satisfacer a al cliente directo y a la sociedad en general - dueña del gobierno. Para lograrlo, los líderes de gobierno deben hacer una profunda transformación, deben cuestionarlo todo, deben partir de cero, regresar a lo básico, reconocer las deficiencias y resurgir de sus cenizas como el ave fénix.

Mientras esto no suceda, México seguirá sufriendo tropiezos políticos y sociales. ¿Cuánto de las crisis económicas son un problema no de política o de recursos sino un problema administrativo? ¿Cuánto se deriva de una burocracia jerárquica y torpe que no puede corregir y mucho menos prever un problema? ¿Cuánto de nuestros actuales problemas sociales - incluyendo la corrupción - se deben a la ineficiencia administrativa?

Pues bien, el propósito de este libro es plantear esta reforma. Creo que la reforma administrativa en el sector público es la mayor oportunidad que tenemos para corregir muchas de nuestras deficiencias y para entrar de lleno al mundo de primera.

No creo en el mito de que el gobierno está destinado a ser un mal administrador, mucho menos en el mito de que el burócrata es una ser humano inferior sin las habilidades, sueños y aspiraciones del administrador privado. Si tomamos al mejor administrador privado y lo insertamos en una oficina gubernamental está condenado a padecer los mismos vicios y limitaciones de su antecesor. El problema no está en las personas, sino en los procesos y los sistemas de gobierno.

He vivido la experiencia de una reforma administrativa en el sector público y quiero compartir un gran secreto: El sector público puede ser un buen administrador, puede ser un administrador de Calidad a la par con la empresa más eficiente de la iniciativa privada.

Para ello, por supuesto, debe seguir ciertas reglas. El proceso de cambio no es fácil, ni está exento de dolor pero tampoco es imposible y quizá, entonces, la pregunta que surge es ¿Cómo hacerlo? ¿Cómo llegar a la Calidad? ¿Cómo vencer este monstruo de mil cabezas que aun nos domina?

En México hasta hace algunos años, se nos remarcaba hasta la saciedad que lo que había fallado no eran los sistemas sino las personas. Esta mentira pretendía salvar la ineficiencia de las instituciones y nos colocaba una gran venda sobre los ojos que impedía visualizar el cambio.

En mi experiencia he visto como esos "burócratas ineficientes" cambian radicalmente y se convierten en empleados responsables y efectivos en unas cuantas semanas con un cambio de sistema e incluso antes, con un simple cambio de liderazgo.

Los administradores públicos pero ante todo, los "clientes" del gobierno, es decir, los ciudadanos, debemos abrir los ojos y empujar hacia la reforma. Debemos saber que hay otra manera hacer política y administración sin burocracia, sin abuso de poder, sin despilfarro de recursos, sin corrupción y sin crisis recurrentes. Debemos formarnos una visión positiva del buen gobernar y empujar hacia el cambio.

Con la apertura comercial hemos dejado de ser un mercado de vendedores para convertirnos en un mercado de compradores: El que manda ya no es el que vende sino el que compra. Este cambio de poder se refleja también en la arena política. La sociedad mexicana es más exigente con sus gobernantes. Quiere eficiencia, responsabilidad, posibilidad de exigir cuentas, utilidad en los servicios y rentabilidad social en la inversión pública. Y por supuesto, quiere elecciones limpias, competidas y sin violencia.

Todo ello, contribuye a la reforma administrativa pues el mexicano empieza a entender que él es cliente y no el "gobernado". Antes pagábamos - a medias- los impuestos y exigíamos - a medias - buen gobierno. Hoy la reforma fiscal ha jugado en favor de un ciudadano preocupado por sus impuestos y un servidor público cada vez más observado y juzgado. Los mexicanos exigen no sólo transparencia en el uso de los fondos públicos sino utilidad social en el gasto y la inversión.

Mensaje para Políticos

Si el jinete es la habilidad política, el caballo es la capacidad administrativa. Cualquier político que aspire a llegar lejos en su carrera, debe convertirse en un excelente administrador y no me refiero exclusivamente a que haga buen uso del fondo revolvente o cumpla con la normatividad, sino que se dedique a lo importante, no a lo urgente; que sepa formar equipos y tenga suficiente madurez para delegar decisiones; que decida sobre la base de las necesidades de la comunidad; que aprenda a planear y verificar su actividad; que sepa profundizar en los procesos para eliminar trámites complejos e inútiles; que tenga habilidades de líder para poder convencer a la organización de un cambio de sistema; que entienda cuáles son las variables importantes para controlar un proceso y diseñe un sistema informativo que lo retroalimente oportunamente; que deje de pensar que el control está en firmar expedientes y centralizar decisiones, que sea capaz de rediseñar un servicio; en fin, que sea capaz de lograr resultados, destinar recursos a lo prioritario, anticiparse a los problemas, crear sistemas preventivos, lograr relaciones de cooperación y ante todo, sorprender a su cliente con más y mejores resultados.

México requiere de una nueva generación de políticos y administradores públicos. De otra manera, el sector público, aunque hoy sea más pequeño, seguirá siendo el eslabón más débil de la cadena productiva y en lugar de contribuir con la sociedad para poder competir ante el mundo, le estará restando recursos y energía creadora.

En este caso, la reforma tiene apellido y se llama Calidad Total. La Calidad Total no es una moda más que debemos aprender para no quedar fuera de las conversaciones, es una manera muy diferente de hacer las cosas. Es una conjunto de valores, conceptos y herramientas para transformar una organización, para corregirla de raíz.

No es algo misterioso que sólo los expertos puedan manejar. Es una manera de plantear problemas y tomar decisiones. Es tan sencilla que cualquier niño de primaria es capaz de aplicarla. El reto es llevarla a la práctica en una organización tan compleja como una empresa o una dependencia gubernamental porque implica un cambio cultural, sobretodo en la manera en que se ejerce la autoridad y se relacionan los seres humanos.

Quienes no la conocen, creen que se trata de producir bienes o servicios de Calidad que compitan en el mercado o que es una herramienta estadística para la línea de producción - "algo" que los empleados deben realizar para darle resultados al jefe.

Quienes la conocen a medias, prefieren hablar de "La Reingeniería de Procesos" sin saber que la Reingeniería es parte de la Calidad Total.

Realmente, la Calidad Total, es un movimiento político-administrativo que nació en occidente, se enriqueció en oriente y se aplica a toda la organización y a todos los individuos que se relacionan con ella: Clientes, empleados, sindicato, comunidad. Es una nueva manera de interpretar al ser humano dentro de su realidad y por tanto, una nueva manera de relacionar al hombre con los demás hombres.

Incluye por supuesto, muchas herramientas para llevar a la práctica estos conceptos, herramientas poderosas que han llevado a Japón hacia el éxito comercial.

No hay un solo autor que pueda exponer el tema completamente y todos los días se enriquece con más conceptos, más herramientas y más novedades. Sin embargo, en el fondo sigue siendo lo mismo: Una manera efectiva de administrar.

En los ochenta, el éxito japonés abrió los ojos al mundo y le despertó el ansia de aplicar este secreto administrativo. Sus conceptos se aplicaron no sólo a la línea de producción sino a toda la organización (de ahí el adjetivo de total). Más tarde se sumaron al movimiento las empresas de servicio. En los noventa, este movimiento ha tocado las puertas de los gobiernos.

En Estados Unidos, más de 30 gobiernos estatales hablan de un programa de Calidad. Algunos realmente han logrado cambios, otros no han podido pasar de la retórica a la práctica. El vicepresidente Al Gore ha publicado su "Reinventando El Gobierno" producto de un estudio profundo guiado por, con la coordinación de especialistas y la contribución de empresarios exitosos. En Arkansas, como gobernador, Clinton logró algunos avances, especialmente en el área educativa.

En México, muchas empresas llevan años trabajando en este nuevo paradigma y la apertura comercial ha patentizado la necesidad de una cambio en muchas otras.

En el sector público, Nuevo León, Chihuahua, Aguascalientes, Guanajuato, Tamaulipas, la Secretaría de la Contraloría y Desarrollo Administrativo, CONALEP y el Departamento del Distrito Federal entre otros, están utilizando la administración de Calidad como estrategia de modernización.

Es injusto permanecer callados ante esta posibilidad pues el ciudadano común y corriente debe ser el mejor aliado en esta lucha. Mientras no sea así, los líderes del sector público seguirán administrando a la antigüita y provocando crisis e insatisfacción a la comunidad y a los propios empleados gubernamentales.

Misión de este Libro

Este es precisamente el objetivo del libro: Abrir la posibilidad de una reforma administrativa de fondo en el gobierno que contribuya a elevar la Calidad de vida del país. Esta reforma no es fácil, pero tampoco es imposible; de hecho, es mucho más sencilla de lo que generalmente se cree.

He procurado guardar un equilibrio entre lo conceptual y lo practico, entre el qué y el cómo. Pues aunque a muchos administradores y politólogos pueda interesarles más cómo lograr el cambio, al cliente de gobierno le interesan más los conceptos generales.

La lectura debe motivar al lector a experimentar un cambio en su relación con el gobierno, sea ciudadano, empresario, empleado o funcionario de la administración pública, y por supuesto, si el gobierno es capaz de cambiar, este libro debe abrir posibilidades a muchas empresas y organizaciones que aun no se atreven a administrar con Calidad.

Quien quiera saber de que se trata esta aventura, quien tenga algo de fe en que los sistemas y las organizaciones públicas y privadas no son sagradas e inamovibles, quien tenga sospecha de que el empleado público tiene el mismo afán de ser mejor y que México puede alcanzar un nivel administrativo de Calidad, está cordialmente invitado a seguir explorando este libro.

El Cuento del Dragón

Esto es como el típico cuento medieval: Hay un malévolo dragón en la comarca (el gobierno ineficiente) que tiene cautiva a una hermosa princesa (la sociedad). La princesa solamente puede ser rescatada por el príncipe (el administrador público). La comunidad exige que así sea aunque no tiene demasiada fe en la empresa, pues ha visto muchos príncipes fracasar en su intento.

El príncipe debe ser ingenioso para poder derrotar al dragón. Debe enfrentar su propia sombra, sus propias debilidades, para fortalecerse. Debe escoger su mejor estrategia y sus mejores armas y debe tener una fe en sí mismo a prueba de fuego, pero ante todo, debe ser un buen líder, debe trabajar en equipo, tener muy claros sus objetivos, desenmarañar los procesos y ser un experto en la táctica. Debe estar convencido de su labor y convencer a los demás. Sólo así puede vencer al monstruo.

Cada vez que corta una cabeza, surgen dos más en su lugar, cada vez que causa una herida, provoca la ira y el contraataque del dragón, cada vez que falla un golpe le infunde valor a su adversario.

Por último, debe enfrentar el mito fatal de que su labor es imposible, que muchos han perecido en la tarea y que la probabilidad está en su contra. Ni la comunidad ni sus ayudantes creen en él. Debe en síntesis, enfrentar la visión negativa que sobre el futuro existe y transformarla en positiva. Ese es el reto.

Ultimo Comentario

La reforma política es la tercer reforma por realizar en este país. Esta reforma es responsabilidad del país entero.

Las elecciones deben satisfacer las necesidades y aspiraciones de los ciudadanos. Sus resultados deben ser creíbles para fomentar la paz social y la fe en las instituciones. Debemos contar con válvulas de seguridad contra malos gobiernos, debemos contar con mecanismos para obligar a los gobernantes a ocuparse de su misión y para destituirlos en caso contrario.

Esta reforma no es tema específico del presente libro pero mucho de lo que aquí se trata, sirve para entender el rumbo y el proceso que debemos seguir para lograrla.

La visión es sencilla: Un gobierno competitivo. ¿Se imagina un gobierno de Calidad en sus tres instancias: Municipal, Estatal y Federal? ¿Y en sus tres poderes: Ejecutivo, Legislativo y Judicial? ¿Se imagina el tipo de país que seríamos?

A la fecha no existe ningún país que tenga esta ventaja competitiva ante el mundo. Pero este hecho no es sino un aliciente más para iniciar la reforma administrativa cuanto antes.

PRIMERA PARTE: POR QUÉ

Capítulo 1: La Necesidad del Cambio

Hay muchas razones para entrar a una reforma administrativa pero no hay mejor razón que la necesidad. Sin embargo, es común que la necesidad no se haga patente hasta que surge una crisis. Mientras los directivos no captan los signos negativos, la administración sigue su camino hacia el desastre.

Japón cambio después de la guerra por la necesidad de producir artículos vendibles, por su escasez de recursos y por la necesidad de rescatar su autoestima, entre otras.

Estados Unidos volvió a preocuparse por la Calidad ante el grave déficit comercial y la pérdida de mercados frente a los productos japoneses y europeos.

México llegó a la privatización y la apertura comercial por necesidad, por la escasez de recursos fiscales, por la inflación y por la pérdida de credibilidad.

Los países, las personas, las empresas y los gobiernos cambian por necesidad, pero primero tienen que hacer consciente esta necesidad y desear el cambio y eso no es fácil.

La Ausencia de Indicadores

El problema con la administración pública es que no tiene indicadores tan claros como la administración privada. En el gobierno no hay ventas, no hay utilidades y no hay competencia. No hay clientes que dejen de acudir a realizar trámites, a entablar demandas o a pedir auxilio. Los clientes forzosamente "compran" los servicios de gobierno y religiosamente pagan sus impuestos, cuotas y derechos.

La "voz del cliente" no se manifiesta cotidianamente en los procesos regulares como en el sector privado, sólo se manifiesta en las elecciones y ocasionalmente, en los medios de comunicación. Para cuando esta voz se expresa, generalmente es demasiado tarde. Es como si una empresa tuviera que esperar al final del año para saber si tuvo un buen desempeño.

Por ello, una de las partes más importantes de la reforma administrativa es el desarrollo y utilización de indicadores que - como termómetro - hagan saber a los administradores públicos como andan las cosas, minuto a minuto, día a día, semana a semana, mes a mes.

No se Escucha al Cliente ni a los Empleados

Hay una parte de la organización que sí está en contacto con el cliente y conoce muy bien sus demandas y aspiraciones, es el nivel operativo: La cajera, la recepcionista, el policía, el escribiente y demás niveles operativos. Sin embargo, la estructura autoritaria y jerárquica del gobierno generalmente es sorda a las sugerencias de estos niveles pues el paradigma es que el de arriba es el que sabe y el de abajo se debe concretar a obedecer órdenes. Además, son tantos niveles, que la información se desvanece por estas chimeneas burocráticas, la información que llega al jefe se contamina, se obstaculiza, se carga de "grilla" y de afán de autocomplacencia.

Este paradigma no es exclusivo del gobierno, es el paradigma de Taylor que a principios de siglo separó la planeación de la ejecución y por tanto, tuvo que crear un nivel para controlar. Dicho de otra manera: Los de arriba piensan, los de abajo ejecutan y los de en medio controlan. Es el paradigma en el que la mayoría de nuestros gobiernos y empresas funcionan.

Por ello, el gobierno administra por crisis, es decir, se espera a tener un indicador claro de que las cosas no están bien para reaccionar: Un motín, una devaluación, una explosión, un movimiento subversivo, la pérdida del poder. En el gobierno, el pozo siempre se tapa después de que el niño se ahoga. Si los funcionarios utilizaran indicadores preventivos podrían estar actuando a tiempo en lugar de andar apagando fuegos. Pero no sienten la necesidad de actuar hasta que la realidad se los demuestra y esto es siempre demasiado tarde.

¿Cómo llegar a la Necesidad de un Cambio?

Detectando signos negativos en la organización. Estos son algunos ejemplos:

- Pérdida de las elecciones
- Crisis recurrentes
- Problemas crónicos
- Escasez de recursos
- Sensación de que no se ha hecho nada
- Acumulación de expedientes rezagados
- Manifestaciones
- Colas
- Expedientes perdidos
- Quejas continuas dentro y fuera de la organización

- "Periodicazos"
- "Bomberazos"
- Actitud de no lo arregles si no falla
- Apatía en los empleados
- Corrupción
- Necesidad de imponer muchos controles para lograr resultados
- Mucha actividad y poco éxito
- Necesidad de hacer las cosas varias veces antes de que funcionen
- Mala imagen
- Muchos rumores
- Mucha "grilla" en la organización
- Demasiada consulta a los jefes
- El jefe debe firmarlo todo
- Retrabajo: La misma actividad se tiene que hacer varias veces para que salga bien
- Mucho énfasis en resultados a "cualquier costo"
- Departamentos jurídicos muy grandes y poderosos
- Servilismo y adulación
- Sensación de que la situación está fuera de control
- Poca o nula estadística de acciones y resultados
- Hipersensibilidad a la prensa
- Hipergasto en imagen
- Despilfarro de recursos
- Temor a los cambios
- Temor a las decisiones
- Temor a hacer sugerencias de mejora
- El documento más importante de la oficina es la síntesis de prensa
- Presupuestos insuficientes
- Mala Calidad en la obra o en las acciones
- Demasiada importancia a la obra pública
- Más importancia a los oficios que a la comunicación directa
- Necesidad de hacer citas con el "jefe" para desatorar trámites

- Muchos casos especiales, pocos casos comunes
- Atención especial a cuestiones ordinarias
- Presupuesto por función, no por proyectos
- Gasto fuerte en mantenimiento
- Más de 30 llamadas al día
- Programas correctivos como "un día sin auto"
- Escasez de metas, sólo objetivos generales
- Planear, esperar crisis, volver a planear
- Mucha importancia a los organigramas y a los títulos
- Mucha importancia a los presídium y al protocolo
- Tortas en el escritorio
- Mucho gasto en horas extras
- Alta rotación de empleados
- Sanitarios exclusivos para empleados
- El gabinete o el equipo se reúne sólo cuando hay crisis
- Vergüenza en ser empleado público
- Especialistas para las funciones
- Asesores para lo operativo
- Departamentos de atención a quejas
- Guerras ínter-departamentales
- Crisis y problemas recurrentes
- La oficina no funciona sin el jefe
- Sistemas y procesos complejos
- Los empleados no sugieren
- Los empleados no actúan
- El jefe no actúa
- El jefe es hiperactivo

Estos son algunos ejemplos de signos negativos internos y externos de que la organización anda mal. La mayoría se explica por sí mismo, algunos requieren de mayor explicación. Estoy seguro que aquellos ejemplos que no quedaron claros, lo serán cuando finalicen el libro. Básicamente, hay tres sectores donde puede manifestarse la ineficiencia: Insatisfacción de los clientes, insatisfacción en el equipo de trabajo y complejidad en los procesos. La ineficiencia, por lo general, se manifiesta en las tres áreas.

Lo importante por ahora, es reconocer si el gobierno en donde se trabaja o con quien se interactúa presenta algunos de estos síntomas de la enfermedad conocida como administración tradicional. Si es así, hay una gran oportunidad de mejora. Los administradores públicos deben dejar a un lado su actividad cotidiana y tomar conciencia de la necesidad de un cambio.

La administración tradicional fue diseñada para la realidad de hace 100 años cuando las cosas eran más sencillas, los servicios eran pocos, las ciudades eran pequeñas, los problemas muy conocidos, los empleados tenían baja escolaridad, las maneras de pensar muy estandarizadas, los archivos no hacían bulto y las organizaciones eran sumamente esbeltas.

La división de trabajo se planteó desde el siglo XVIII y fue muy útil para aumentar la productividad de la industria. Pero su efecto secundario fue la creación de organizaciones inmensas con procesos muy complejos.

En sector público mexicano creció desmedidamente a partir de los setenta para responder a la carga de trabajo impuesta por la injerencia de gobierno en nuevas áreas y la complejidad creciente del medio ambiente. El fenómeno fue idéntico en otros países y en muchas empresas privadas que diversificaron sus mercados y por ende, su producción. Este crecimiento ha ocasionado burocracias de muchos niveles y trámites de muchos pasos y controles. Los procesos y los organigramas se han complicado tremendamente; departamentos y más departamentos, burocracia sobre burocracia.

El Afán de Controlar

En un cambio de poderes, los nuevos funcionarios agregan controles al proceso que se suman a los existentes con el fin de "garantizar" resultados. Los expedientes viajan de un departamento a otro, de dirección en dirección, de subsecretaria en subsecretaria, de secretaría en secretaría; y suben y bajan constantemente para que el jefe revise y los de abajo ejecuten.

Muchas veces, lo que intentan controlar es una verdadera excepción, es decir un resultado poco común. Pero ante el regaño del jefe y el desconocimiento de los procesos, el encargado agrega más pasos y más firmas. Por "pescar" un evasor se emiten reglamentos que entorpecen el proceso a millones de contribuyentes cumplidos.

Taylor logró incrementar la productividad de la industria al separar la planeación de la ejecución, pero se agregó una función que no agrega valor: El control.

A mayor complejidad, mayor necesidad de control y muchos gobiernos, al igual que muchas empresas, encuentran que más de la mitad de su personal se dedica a "controlar" procesos sin incrementar la productividad de la organización.

Para romper este circulo vicioso y acabar con la paradoja de que a mayor "control" menor eficiencia, es necesario entrar a una reforma administrativa de Calidad que rediseñe servicios, reduzca burocracia y realmente controle el proceso. Sin embargo, para ello, los líderes de la organización deben reconocer que las cosas no andan bien.

A la fecha, no he conocido ninguna oficina gubernamental que no padezca de algunos de estos síntomas, pero lo que es muy obvio para el observador externo y para el cliente, generalmente es un punto ciego para el director del área pues se encuentra trabajando en el viejo esquema mental, en el paradigma existente.

¡Si usted no reconoció alguno de estos signos negativos es muy probable que ocupe un nivel superior en la organización!

La Responsabilidad del Cambio

La responsabilidad de la administración es 100% de los mandos superiores, por tanto, la responsabilidad de una reforma administrativa de Calidad también es de ellos. El primer paso, entonces, es el reconocimiento de la ineficiencia y el compromiso hacia el cambio en la cúspide de la pirámide de poder.

El líder de la organización debe entender que un síntoma solamente muestra una pequeña parte de una gran enfermedad, la parte más visible. En ocasiones, la enfermedad se manifiesta en una área diferente a la causa. El problema de las tortas sobre el escritorio no está causado por una actitud negativa del empleado, está causado - entre otras razones - por los sueldos bajos, los horarios irracionales y la falta de un espacio para preparar y consumir los alimentos y eso no es responsabilidad del que se come la torta sobre el escritorio.

Por ello, después de visualizar la enfermedad es importante hacer un buen diagnóstico. Un diagnóstico que profundice en las causas más ocultas. Como siempre, el planteamiento del problema es el 95% de la solución.

Intentar ahorrar tiempo en el diagnóstico equivale a combatir los efectos de un cáncer con analgésicos. De igual forma, intentar resolver en el acto los problemas, es abrir al paciente y amputarle un brazo sin saber cuál es la enfermedad.

También es oportuno recalcar que no es conveniente plantear y resolver el problema desde "arriba" pues esa actitud es gran parte de la enfermedad que toda organización burocrática padece. Es necesario empezar a trabajar en equipo, lograr el consenso del resto de la organización, convencer a los demás sobre el padecimiento, sobre la necesidad de observar los síntomas. En pocas palabras, el líder debe concientizar a los demás para buscar su compromiso hacia el cambio.

Toda la organización debe participar en este proceso para reducir al máximo la resistencia al cambio. En estructuras muy jerárquicas y autoritarias es muy interesante observar la habilidad para boicotear la autoridad y resistirse a los mandatos. La frase de "obedézcase pero no se cumpla" es muy sintomática de nuestra forma de gobernar y administrar.

Por ello, el líder debe estar atento al falso aprendizaje, es decir a la adulación y el aparente conformismo. Debe ser muy claro y muy consistente en su dirección pues de otra manera los empleados entienden - entre líneas - que se trata de una moda más, como otras tantas que ya han vivido. Todo es cuestión entonces, de agazaparse, fingir aprendizaje, satisfacer al jefe y esperar a que la moda pase de largo.

En su afán de autocrítica, también debe cuidar su lenguaje para no ofender y enajenar a los demás del proceso de cambio. Debe considerar que más del 85% de los problemas son del sistema, no de las personas. El empleado sólo tiene un pequeño margen de maniobra. La responsabilidad de cambiar el sistema, es del líder y de nadie más. Por tanto, la crítica debe dirigirse al sistema, no a las personas. Suficiente denigración y falta de autoestima tiene el burócrata como para agregarle más culpas ajenas.

Por ello, es indispensable concientizar, pero no agredir a los miembros de la organización. Si bien es cierto que el líder es el conductor del auto, no puede echar al resto del equipo en la cajuela y tomar una nueva dirección. Esta actitud no resuelve nada.

Los cambios asustan. La mayoría está dispuesta a cambiar cuando el cambio les pertenece, no cuando el cambio viene impuesto desde el exterior.

Si por el contrario, el líder comparte sus preocupaciones, el resto de equipo se hará partícipe del problema y hará suyo el proceso de cambio.

En resumen, después del la conciencia de los mandos superiores, debe seguir una estrategia de comunicación al resto de la organización. El mensaje debe ser muy claro: "Nuestra forma de administración no funciona y debemos buscar alternativas".

Para concientizar al resto del equipo es posible que el líder se valga de encuestas, la opinión de los medios, grupos de enfoque, la coyuntura de alguna crisis o el último fracaso para apoyar su punto de vista. Sin embargo, bien haría si empieza por conocer y dar a conocer la opinión de los niveles operativos.

La opinión de externos siempre es útil porque objetiviza la crítica. Por ello, no debe descartarse la utilización de un facilitador o consultor externo que conoce el proceso de cambio y sobretodo, está ajeno a las luchas de poder internas.

Esta etapa de concientización no debe perderse en una autocrítica eterna. Su misión es lograr el consenso en el resto del equipo para que perciba la necesidad del cambio como la percibe el líder o aun mejor, enriquecerla con su propia interpretación de las circunstancias.

Es recomendable convencer primero a los colaboradores más cercanos para que ellos, a su vez, hagan lo mismo con los siguientes niveles. Se debe tener cuidado porque este efecto cascada hacia abajo puede boicotearse por los niveles que se sienten afectados, generalmente, los mandos intermedios. Por ello, es necesario que el líder utilice otros canales de comunicación para dar a conocer su punto de vista a toda la organización.

Hecho esto, la siguiente etapa es la del compromiso. El líder debe buscar el compromiso de la organización hacia el cambio. Es importante no profundizar demasiado en el detalle ya que es fácil lograr el consenso sobre los "qué" pero al llegar a los "cómo" empieza la disidencia. Todos estarán de acuerdo en la necesidad de cambiar sin entrar al detalle de cómo y cuándo.

El punto es: Sabemos que tenemos un problema, sabemos que podemos resolverlo y vamos a hacerlo juntos.

Sin embargo, es conveniente ponerle un nombre al cambio como "Calidad Total", "Reforma Administrativa" o cualquier otro que ayude a fijar el rumbo. También es conveniente aclarar que se trata de una reforma de fondo y largo plazo que ofrece grandes ventajas a la organización.

El Mapeo Político del Proceso: Resistencia y Alianzas

Para estas alturas el líder debe tener muy claro el panorama de quién es quién en su equipo de trabajo. Hay líderes, seguidores e intermedios. Hay opositores, aliados e indecisos. El líder debe hacer un esfuerzo, junto con los líderes-aliados para convencer a los indecisos-seguidores. El juego es atraer a la masa y restarle miembros a la oposición.

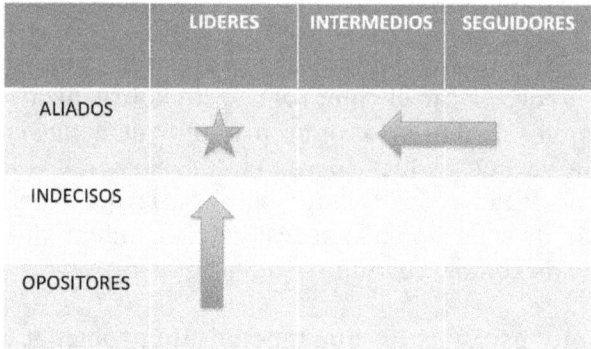

MAPEO DE ALIADOS

Es importante recordar, igualmente, que los seres humanos tenemos diferente disposición a la aventura, los riesgos y el cambio. En todo proceso de cambio cultural siempre hay un 16% de innovadores, un 16% de rezagados y una gran mayoría intermedia. Es lógico que el líder se apoye en los innovadores.

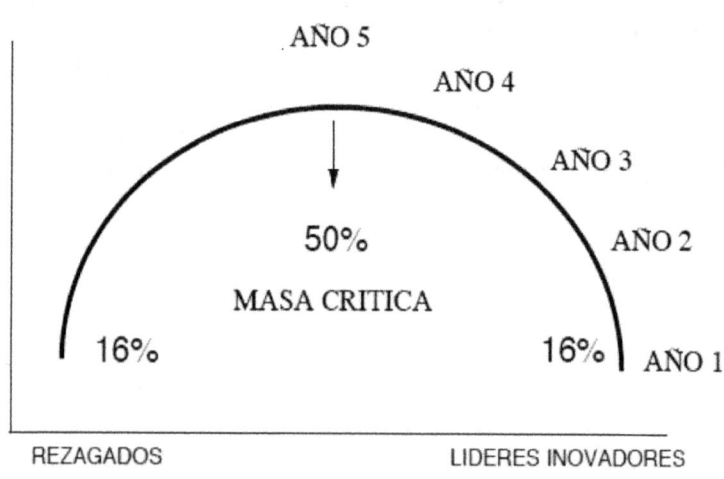

Si la mayoría se convence, se logra una masa crítica es decir, una inercia suficiente para mover a la organización en el sentido deseado.

El líder no debe confrontar directamente a los líderes-opositores ya que cada cual defenderá su punto de vista y el proceso se convertirá en un torneo de lucha con un gran público espectador.

Este mapeo es dinámico y será muy útil en todo el proceso de cambio.

Los más difíciles de convencer son aquellos que " traen el vaso lleno" es decir que creen tener suficientes conocimientos técnicos o que dominan su área a la perfección como los informáticos, los doctores, los abogados, los financieros y los "políticos". Sin embargo, no hay oposición más fuerte que la de los que han hecho algunos estudios de Calidad, han leído un libro o son los consultores del líder.

Es muy probable que cuando se hable de una reforma administrativa, muchos piensen que se trata de algo que impactará en la tesorería, en la oficialía mayor, en el departamento de compras o en el de recursos humanos. Para ellos, lo administrativo es cosa de contadores públicos o licenciados en administración y no tiene relación alguna con su actividad cotidiana, no tiene relación con la política, la administración de justicia, la seguridad pública, las elecciones, el ministerio público, el desarrollo urbano o la recolección de basura.

Por ello, esta etapa no siempre es tan rápida como el líder quisiera y su labor debe enfocarse a clarificar dudas y a sembrar incertidumbre, a despertar la sospecha entre el equipo sobre sus convicciones y costumbres. El líder debe vaciar vasos, debe abrir mentes y corazones, debe roturar la tierra para poder sembrar.

Un punto a Considerar

Los opositores o enemigos del cambio generalmente son excelentes aliados una vez convencidos. Por tanto, no es un juego de aniquilar contrarios es un juego de convencer al mayor número de miembros del equipo para facilitar y acelerar el proceso de cambio. Todos deben recibir una oportunidad de cambio.

¿En dónde habrá Mayor Apoyo?

Los niveles operativos o "inferiores" de la organización siempre compran el cambio con mayor facilidad ya que la administración de Calidad es muy humana y sumamente participativa. El paradigma existente menosprecia la creatividad y energía de estos empleados; los considera poco importantes para la organización, un recurso más, un ingrediente de la producción o del servicio, un cuerpo de seres que están contratados para obedecer órdenes.

En la administración de Calidad, el paradigma es otro. Todo empleado es importante por su individualidad y por las sugerencias de mejora que pueda aportar para servir al cliente. En esta nueva organización todos piensan y cada uno se autocontrola.

El nuevo esquema valora al cliente como el verdadero jefe, como la razón de existencia o la misión de la institución. Los niveles operativos son los que tienen el contacto directo con los clientes y por tanto, son pieza fundamental para captar las demandas y necesidades, para sintonizarse con las emociones del mercado, para jalar a la organización en la dirección correcta.

En Calidad Total la pirámide organizacional se invierte. En la cúspide jerárquica ahora se ubica no el presidente, el gobernador o el alcalde, sino el ciudadano, e inmediatamente después, los empleados operativos que son quienes tienen contacto directo con el cliente externo.

En la parte inferior ahora queda el líder de la institución que convierte al resto de su equipo, no en subalternos, sino en clientes internos a quienes debe proporcionar su servicio para que estos, a su vez, puedan cumplir con la misión de la institución y satisfacer a los ciudadanos.

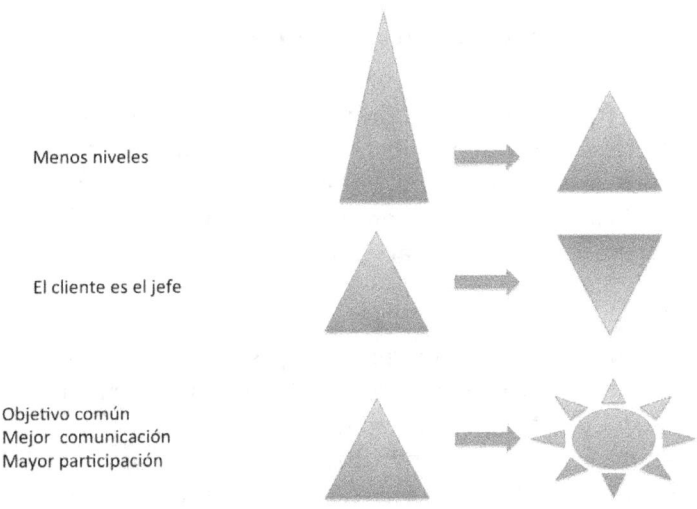

Por ello, el cambio siempre depende del líder, quien hace alianza con los niveles operativos para poder cambiar los procesos y la organización.

Tomar en cuenta a un empleado con todo su potencial como ser humano, pedirle que aporte no sólo su sudor sino también su emoción y su inteligencia es una motivación sumamente poderosa, mucho más impactante y duradera que un aumento en sueldo.

El empleado se transforma en adulto responsable y participativo. Por ello, los niveles operativos siempre estarán dispuestos a cambiar hacia la administración de Calidad. En cambio, la resistencia vendrá de quien siente amenazada su posición de poder. Usualmente esta resistencia se ubica en los niveles cuya antigua función era controlar, es decir, los mandos intermedios y seguramente, en algún mando superior que carezca de la madurez para enfrentar un reto de esta magnitud.

Cultura Nacional y Relación Adulto-Adulto

Muchos funcionarios y políticos se mostraran temerosos de entrar a un esquema organizacional más participativo; algunos estudiosos tendrán dudas de poder lograr un cambio de actitud que en efecto, choca con la cultura latinoamericana de jerarquía y autoritarismo. Este es el antiguo paradigma.

El nuevo paradigma no genera caos o subversión. Por el contrario, genera mayor responsabilidad y seriedad entre el equipo de trabajo. En lugar de una relación autoridad - subalterno, la institución utiliza una relación adulto-adulto. Esos adultos entienden que cada cual tiene un servicio que desempeñar. El nivel operativo ahora lo desempeñan seres humanos que piensan, sienten y aportan soluciones. El nivel superior sigue siendo importante para la estrategia y dirección general de la institución, pero ahora se desempeña por adultos que no tienen necesidad de reprimir y castigar.

El análisis costo-beneficio dice que los riesgos de permanecer en el paradigma existente son mayores a los riesgos de hacer un cambio. ¿Cuántas instituciones desconocen el verdadero sentir de sus empleados y de sus clientes? ¿Cuánto tiempo pueden soportar como institución que no satisface a los ciudadanos? ¿Qué tanto puede seguir reprimiendo las necesidades de su equipo y de su mercado?

La relación adulto-adulto genera lealtad y obediencia racional hacia el líder y hacia la institución en lugar de temores y anti-autoritarismo reprimido. Despierta mucha creatividad que el líder aprovecha en favor del cliente y por tanto, en favor de la institución. Libera tiempo en la organización que antes se destinaba a controlar y que ahora se aprovecha en actividades estratégicas; reduce tensiones por grillas y golpes bajos, y sitúa a la institución sobre terreno firme.

En lugar de que el jefe de órdenes y el empleado - en el mejor de los casos - obedezca ciegamente aunque en el fondo cuestione, el jefe ahora comparte su problema y recibe respuestas creativas.

Resumen

Para todo cambio, primero se debe aceptar la necesidad de cambiar. El líder es el responsable de concientizar al resto de la organización sobre esta necesidad. Los primeros en convencer son sus colaboradores más cercanos. El proceso puede desplegarse en cascada hasta los niveles operativos pero es recomendable utilizar otros canales más directos para asegurarse que todos han recibido el mensaje.

Después de aceptar la necesidad, es importante lograr el compromiso de cambiar. Este proceso no puede imponerse desde arriba pues provoca reacciones adversas. La jerarquía y el autoritarismo es el paradigma anterior. El líder puede utilizar su posición para impulsar el cambio pero debe usar su capacidad de convencimiento para logra el consenso. El objetivo es hacer a todos partícipes y responsables de la decisión.

Para lograr el compromiso, el líder debe utilizar la opinión de los clientes de la institución o aprovechar alguna crisis. Así mismo, debe ser muy consistente en los mensajes que envía a la institución, debe empatar la palabra y la acción para generar confianza y asegurar al equipo que el cambio es real.

Esta es una etapa difícil que requiere de paciencia y mucha comunicación pero indispensable para poder seguir adelante

Capítulo 2: Administración Tradicional vs. Administración de Calidad

Antes de seguir adelante en el proceso de cambio es importante entender con precisión la diferencia entre la administración tradicional y la administración de Calidad.

Trabajo Individual vs. Trabajo en Equipo

En la administración de Calidad los miembros de la organización aprenden a trabajar en equipo. En lugar de pensar y actuar aisladamente, aprenden a trabajar como conjunto y a reforzar los lazos de unión. Valoran la individualidad de cada uno y la co-dependencia.

Un equipo es fuerte no por la habilidad de sus miembros sino por la Calidad y cantidad de los enlaces entre sus miembros. Los resultados no se suman, se multiplican por la sinergia que se crea. En otras palabras, 1+ 1 = 3.

No se trata de uniformar criterios o pensamientos. Por el contrario, cada cabeza y cada corazón es único y eso es lo que enriquece al equipo. La unidad se logra en el propósito de cada uno de los miembros. Por ello, uno de los primeros pasos es la definición de la misión, en donde lo importante no es tanto el enunciado final sino el proceso participativo del ejercicio. Es la primera lección de trabajo en equipo.

Se definen las relaciones cliente-proveedor entre las diferentes dependencias, oficinas o equipos. Esto resuelve de raíz muchos problemas que se generan con el antiguo esquema de islas de poder y las actitudes de "ese no es mi problema" o las muy comunes guerras departamentales.

El equipo no es la jefatura o dirección sino toda la organización e incluso se puede extender a componentes externos como los proveedores, los ciudadanos, las empresas y los organismos no-gubernamentales.

Para poder lograr el trabajo en equipo se requiere de un nuevo enfoque. En lugar de pensar en sus funciones, los miembros entienden la misión de la organización y el papel fundamental que todos juegan para alcanzar los fines de gobierno.

Las decisiones importantes no las toma el jefe en la "soledad de su despacho" sino que las plantea al equipo para que todos aporten su capacidad de análisis y de solución. El equipo se adueña del problema, lo hace suyo.

Esta técnica es válida tanto para problemas recurrentes como para decisiones únicas que son estratégicas por su peso en los resultados. Ante una crisis, el equipo se reúne para resolver la situación, si es necesario, el equipo consulta a otras dependencias o a otros actores internos o externos de la organización.

Más importante aun, el equipo se reúne periódicamente para analizar los problemas recurrentes, para visualizar las oportunidades, para penetrar en los procesos de la organización y en las demandas de los clientes.

Corto Plazo vs. Largo Plazo

La organización aprende a resolver los problemas para el largo plazo y no exclusivamente para el día, el año, el trienio o el sexenio correspondiente.

Esta visión de largo plazo ayuda a resolver de raíz los problemas en lugar de heredarlos a la siguiente administración. Es posible que se sacrifiquen éxitos inmediatos, pero a la larga, el cliente y la opinión pública reconoce quien actuó con ética y quien actuó para servir sus intereses personales e inmediatos.

De nada sirve un reconocimiento inmediato si mañana el fracaso se encargara de desmentir la intención y borrar el éxito de la obra pública o la acción emprendida.

Mi Jefe vs. Mi Cliente

En lugar de que los empleados piensen en satisfacer a su jefe se enfocan a satisfacer al cliente. El cliente es el personaje más importante de esta historia, es el que justifica a la organización.

Muchas veces, el jefe se equivoca en su apreciación de la realidad o en sus peticiones y el subalterno debe ayudarlo con su interpretación.

En la administración de Calidad vemos menos jefes en problemas porque su equipo está dedicado al cliente. Al satisfacer las necesidades de los clientes los empleados están resolviendo los problemas de raíz y cumpliendo con la misión de la organización.

El enfoque al cliente responsabiliza a todos los miembros. Los miembros maduran con esta responsabilidad y dan mucho más de sí mismos.

La Opinión vs. Los Datos

En Calidad, los miembros refuerzan su intuición y capacidad de análisis con datos estadísticos. La estadística es la historia - en números - de la institución.

Los planes deben verificarse constantemente mediante indicadores claves en los puntos de control, es decir en las variables vitales del proceso. Estos indicadores pueden medir las acciones, los resultados o la opinión del cliente.

Cuando se pretende un control total del proceso, es indispensable utilizar los tres tipos de indicadores.

En la administración tradicional se usa solamente la opinión; todos saben hacer un plan pero ninguno verifica los resultados de ese plan. Por tanto la administración es por crisis: Planear, no verificar, nueva crisis, volver a planear.

En la administración de Calidad se utiliza el circulo Deming: Planear, hacer, verificar y actuar. En la etapa de planear debe usarse la información estadística para determinar las estrategias y definir las metas.

Los funcionarios y empleados de gobierno constantemente se justifican diciendo que el gobierno no es una empresa y que los indicadores son más de tipo cualitativo que de tipo cuantitativo. Esto es sólo una de tantas excusas que se utilizan para no responsabilizarse de sus acciones. Todo es mensurable y debe medirse para poder controlar el proceso, si no se mide no hay administración efectiva y por tanto, no puede haber éxito en la acción emprendida.

Para determinar la productividad de una dependencia, por ejemplo, se puede medir el número de servicios solicitados y el número de servicios entregados. También se puede medir tiempo del servicios y el número de servicios resueltos en sentido positivo y en sentido negativo.

Estos indicadores dan una idea precisa de lo que la dependencia está haciendo. Para complementarlo, sin embargo, es necesario medir resultados ya que puede ser que la dependencia esté realizando muchas acciones y que sea muy productiva pero que estas acciones no se traduzcan en resultados positivos para el entorno.

Puede ser que la policía este respondiendo más rápidamente a las llamadas de auxilio, tenga más policías patrullando la ciudad y haya invertido una fuerte cantidad en la modernización de la dependencia pero que los índices de delincuencia estén en ascenso. Puede ser que el gobierno este verificando la emisión de más vehículos y vigilando más de cerca la emisión de las fábricas pero el aire se encuentre más contaminado. Por ello, es importante correlacionar los indicadores de desempeño y los de resultados. Es posible que una leve mejoría en el indicador de desempeño logre una mejoría impactante en los resultados.

En algunas áreas como la administración y procuración de justicia, la tramitación de permisos de uso de suelo o construcción, y las demandas laborales, el índice de desempeño se vuelve indispensable pues tan importante es resolver con justicia como en tiempo.

Estos dos tipos de indicadores - de desempeño y de resultados - deben complementarse con el indicador de Calidad o de la opinión del cliente, es decir encuestas periódicas o grupos de enfoque para medir la satisfacción del cliente. Es posible que los indicadores anteriores mejoren considerablemente y sin embargo, el cliente se muestra insatisfecho ya que los resultados no son de su conocimiento o no son los que él está esperando.

Las encuestas son vitales para detectar las áreas de oportunidad. ¿ Qué es lo que quiere el cliente? ¿Qué es lo que espera de nosotros? ¿Cómo quiere el servicio? En la administración de Calidad los servicios se mejoran continuamente con la opinión de los clientes.

Sólo Resultados vs. Resultados y Procesos

En la administración   tradicional es muy típico que los niveles superiores sólo exijan resultados sin considerar los procesos es decir, el camino que se siguió para conseguir el resultado.

Esta ceguera ocasiona mucho estrés en la organización pues todos se dedican a complacer las demandas de los jefes a "cualquier precio". No importa que se haya descuidado al cliente, se haya rebasado el presupuesto, se ofenda al personal, se genere mucho desperdicio o se retrabaje 20 veces para lograr el objetivo, lo que importa es el resultado.

Lo peor del caso es que en gobierno, estos resultados nada tienen que ver con lo importante; en la mayoría de los casos son urgencias, situaciones extraordinarias, no previstas y muy improvisadas que no tienen ninguna conexión con las verdaderas demandas del cliente.

En la administración de Calidad, por el contrario, toda la organización está muy pendiente del proceso pues sólo un proceso sencillo, eficiente y en control asegura resultados confiables.

En la administración por resultados se esconden todas las ineficiencias de la organización pues el jefe sólo quiere resultados.

Corrección vs. Prevención

En administración tradicional, el gobierno se dedica a corregir errores. Constantemente está reaccionando ante situaciones de alarma o urgencia que la prensa, el jefe o un grupo de presión detectan. La planeación del siguiente año está determinada como reacción a los acontecimientos del último trimestre.

En ese esquema de trabajo se le pide mucha capacidad de improvisación a la organización porque debe estar siempre alerta a las crisis que constantemente surgen. El 80% de las situaciones son nuevas o diferentes.

En la administración de Calidad, por el contrario, el sistema está dedicado a anticiparse a los hechos. El control de los procesos, la estadística y el conocimiento de las demandas del cliente dirigen el sistema hacia la prevención.

Culpa vs. Ayuda

Como todo es crisis y los procesos están demasiado fragmentados siempre se buscan culpables a los errores. El jefe siempre busca chivos expiatorios. Esto impide un ambiente laboral saludable y ahoga la participación y creatividad de los empleados. Pocos opinan y ninguno toma decisiones porque el precio a pagar es demasiado caro.

En la administración de Calidad cada uno se responsabiliza de su servicio en un ambiente de cooperación. Todos conocen los grandes objetivos, están enfocados a servir al cliente y refuerzan sus enlaces de comunicación. Más importante aun, los líderes dan espacio para el fracaso pues como en el caso de los hijos, es necesario fomentar el crecimiento emocional e intelectual de los empleados.

Control - Mandato vs. Liderazgo - Asesoría

En lugar de trabajar mediante mandatos y control jerárquico, los jefes dejan de dar órdenes y se dedican guiar a su equipo. El líder pone las grandes estrategias sobre la mesa, comparte su preocupación con sus colaboradores y recibe sugerencias de solución.

Este ambiente de participación y responsabilidad genera mucha creatividad en los niveles inferiores y libera tiempo al líder para destinarlo a lo estratégico. En vez de perderse en lo operativo - que no es función suya - el líder se encarga de guardar la dirección correcta.

Tecnología - Maquinaria vs. Procesos- Recursos Humanos

El énfasis en la administración de Calidad no es en la tecnología y el equipo físico o la maquinaria sino en las personas. Cierto que una mejor tecnología puede incrementar la productividad de la organización pero lo que realmente hace diferencia son la emoción y la inteligencia de cada integrante.

En las empresas de servicio, como el gobierno, es difícil lograr un incremento productivo a través de la tecnología. El buen servicio y la satisfacción de los clientes no se logran con un nuevo conmutador telefónico, mejores máquinas de escribir o computadoras. Si así fuera, ya hubiéramos transformado al gobierno en un buen administrador desde hace muchos años.

De hecho, sobran ejemplos negativos de gobiernos que han invertido fuerte cantidades en tecnología sólo para darse cuenta de que el servicio sigue igual o peor.

En el gobierno se logran los cambios con un enfoque a los procesos y a la cultura organizacional. El enfoque de Calidad y la reingeniería de procesos es lo que realmente logra el salto hacia la productividad.

Además, una organización que trabaja en Calidad no sólo recibe con mayor facilidad la nueva tecnología sino que se asegura que ésta trabaje en favor del cliente.

Información es Poder vs. Información es Comunicación

Sabemos que muchos autores han hecho énfasis en el poder de la información, sobretodo en esta era de la informática. Si embargo, en una administración de Calidad la información se utiliza para delegar la autoridad, para que cada cual controle sus procesos, para fomentar el trabajo en equipo y para poder satisfacer al cliente.

En lugar de reforzar la fragmentación y atomización de cada departamento, la información se intercambia entre la organización para dar un mejor servicio y poder cumplir los grandes objetivos. Con información oportuna el sistema trabaja orgánicamente en vez de trabajar mecánicamente.

Es típico ver a los burócratas escondiendo expedientes e información valiosa para los clientes o para el resto de los compañeros de trabajo. Esta actitud es sumamente dañina para la productividad del gobierno y una de las principales causas de insatisfacción ciudadana.

Administración por Crisis vs. Administración Preventiva

Cualquiera que entra a una oficina de gobierno puede percibir el ambiente de tensión. Todos quieren cumplir con la última orden del jefe o intentan resolver la última crisis (todos los días hay una nueva o quizá la misma desde hace 20 años). Es una verdadera batalla contra el tiempo y contra una realidad que se empecina en hacer quedar mal a todos. La entropía está a la orden del día.

Esto se debe a que la organización no ha aprendido a planear y administrar sus acciones. No conoce las variables vitales de sus procesos, no conoce las verdaderas expectativas del cliente, no cuenta con la información necesaria para verificar el rumbo, no ha comunicado los objetivos de la organización y no ha aprendido a delegar las decisiones al que está en la trinchera para que pueda apagar el fuego cuando apenas es una pequeña llamita.

En la administración de Calidad hay control y por tanto se pueden prever los problemas.

Claro que hay imprevistos, la vida esta llena de ellos y pensar que todo plan va a cumplirse es sólo buenos deseos, pero a diferencia de la administración tradicional, la de Calidad, sabe hacia a dónde debe ir, detecta con tiempo la variación en el rumbo, tiene alternativas predefinidas y actúa con rapidez para ajustarse al cambio.

Mejoramiento Esporádico vs. Mejoramiento Continuo

En la administración tradicional el mejoramiento es esporádico. En la administración de Calidad se busca el mejoramiento continuo. Todos los días, todos los empleados buscan mejores maneras de hacer su trabajo.

Ochenta por ciento de las oportunidades de cambio son poco visibles y requieren algo más que la intuición del jefe o la visión milagrosa de un "experto". Requieren del esfuerzo de toda la organización y la utilización de herramientas. Ante todo, requieren de un ambiente en donde se premian las sugerencias y la participación.

El gobierno es sumamente complejo, puede ser que aun con el nuevo edificio, la nueva normatividad o las nuevas computadoras, la dependencia de gobierno siga dando mal servicio.

Los cambios no se <u>compran</u> en el mercado, se consiguen a base de mucho esfuerzo pero ante todo, de un esfuerzo inteligente y bien dirigido de toda la organización, todos los días, a toda hora.

Desempeño Individual vs. Desempeño de los Procesos

Es muy típico encontrar en el gobierno el énfasis en la labor personal. El buen político o el buen burócrata es un luchador solitario que resuelve la tragedia de la vida día con día. El éxito depende de su ingenio y su valentía, de su esfuerzo personal.

Sin embargo, está demostrado que sólo el 15% de los resultados dependen de las personas y que el 85% de los resultados dependen de los procesos. Un empleado, entonces, sólo tiene un pequeño margen para mejorar el servicio, por más brillante o hábil que sea.

El énfasis en Calidad se dirige a la creación de procesos que generen éxito. Si el mismo problema se ha presentado 3 veces, definitivamente existe una oportunidad para revisar el proceso y modificarlo. Cuando el proceso es efectivo el estrés es para el proceso no para los empleados.

Enfoque a la Organización vs. Enfoque al Cliente

En gobierno, el enfoque tradicional es hacia adentro. En lugar de pensar en las necesidades de los clientes, los servicios que estos requieren, y los procesos y personas que deben respaldar esos servicios, los burócratas piensan en sus funciones, sus organigramas y sus oficinas.

Al jefe se le ocurre que debe tener ciertas funciones o se monta sobre la ocurrencia de los jefes anteriores. Estas ocurrencias en la mayoría de los casos, están divorciadas de las verdaderas necesidades del cliente. En demasiadas ocasiones, las funciones que marca el reglamento son idénticas a las de otros departamentos, direcciones o secretarias.

Cada jefe pelea su estatus. A mayor número de funciones, empleados y oficinas, mayor poder ante los demás. Cada burócrata adicional requiere de un sueldo y prestaciones, así como de espacios físicos y equipo para "desarrollar" sus funciones. Esto no satisface las necesidades del cliente y además, consume recursos fiscales que podrían emplearse en actividades productivas.

Adicionalmente, se generan guerras y guerrillas de poder en la organización.

En un gobierno de Calidad, el organigrama es la última prioridad. El enfoque es base cero. No importa que tan grande sea el gobierno y cuantos departamentos existan, inclusive no importa que marque la ley o la costumbre pues sabemos que las leyes de organización están hechas bajo el criterio de enfoque interno, bajo el antojo de los jefes presentes o pasados.

En Calidad lo que importa es encontrar la verdadera misión de la dependencia. ¿Por qué existe esta secretaría o este departamento? ¿Quiénes son nuestros clientes? ¿Cuál es el servicio que debe prestar al cliente? ¿Por qué se justifica gastar dinero de los contribuyentes? ¿Existe otra dependencia que cumpla con esta misión? ¿Existe un externo que pueda dar mejor este servicio?

Cuando se contestan estas preguntas básicas y se definen los servicios, se pasa a diseñar los procesos que deben soportar al servicio y sólo entonces, se crea la organización necesaria.

Este enfoque además, define el objetivo de la organización y establece cadenas cliente-proveedor entre dependencias para agilizar los servicios. Con todo ello, se terminan las guerras de poder y los muros de Berlín entre oficinas de gobierno.

Jerarquía vs. Redes de Trabajo

Las organizaciones jerárquicas ya no funcionan en ninguna parte del mundo. Sólo los ejércitos, las empresas ineficientes, los monopolios y el gobierno siguen utilizando la jerarquía como forma de comunicarse internamente.

En la jerarquía los de arriba dan órdenes, los de abajo las ejecutan y los de en medio controlan que las órdenes se cumplan e informan los resultados a los superiores.

Esto funcionaba cuando el entorno era sencillo, las organizaciones eran pequeñas, el jefe tenia pleno conocimiento de las necesidades de la comunidad, el tiempo corría a ritmo lento y los empleados tenían baja escolaridad.

Hoy la realidad es sumamente compleja, el gobierno es una estructura muy pesada con excesivos "tramos de control", los procesos son muy complejos, es difícil saber a ciencia cierta quiénes son los clientes y qué es lo que quieren, las soluciones no son tan obvias, el tiempo de respuesta debe ser muy ágil (justicia que no es expedita no es justicia) y es imposible dar soluciones y controlar los resultados desde arriba.

La única manera de poder responder con rapidez y eficacia a las demandas de la comunidad es con otro tipo de organización.

El líder debe dedicarse a lo estratégico, es decir, a fijar y mantener el rumbo de la organización. Otra tarea importante del líder es lograr el consenso de los principales actores.

Para lograr los cambios que el entorno demanda, se debe transferir autoridad y poder a los niveles operativos, es decir a quienes tienen contacto con el cliente. Ellos deben ser capaces de tomar todas las decisiones que tienen que ver con la operación normal del gobierno incluyendo la manera de mejorar los servicios.

En Calidad, el empleado no está esperando órdenes para actuar ante los problemas, sabe qué es lo que tiene que hacer y se autocontrola.

En este esquema, ya no hay mucho valor agregado para los niveles intermedios y por tanto, surge un área de oportunidad de reducción lo que se conoce como "aplanar la pirámide".

Pero aun en una pirámide aplanada, tendríamos el mismo problema de la departamentalización, es decir, el contar con áreas aisladas que se pelean entre sí por las funciones y el presupuesto.

Por ello, la pirámide debe sustituirse por redes de comunicación en donde las partes fortalecen sus enlaces y se coordinan para brindar mejores servicios. A mayor y mejor información, mayor y mejor servicio a los clientes. Para lograrlo, es necesario definir las cadenas cliente-proveedor de acuerdo a los servicios que presta la dependencia. Igualmente, es indispensable que los líderes fomenten el trabajo en equipo en todos los niveles, derrumben las barreras de comunicación en la organización y promuevan el uso de comunicación directa.

Funciones vs. Servicios

Pensar en funciones es pensar hacia adentro. Pensar en servicios en enfocarse al cliente.

En el gobierno todos piensan en sus funciones. Lo primero que hace un nuevo jefe es revisar la ley orgánica para saber a ciencia cierta cuáles son sus funciones. Cuando el cliente o las circunstancias exigen dar un servicio que literalmente o por interpretación no se encuentra en el menú de funciones, los empleados no sienten responsabilidad alguna de actuar.

Por el contrario, en una organización enfocada al cliente todos se sienten responsables de satisfacer al cliente, toman decisiones en el momento o solicitan ayuda o consenso si el servicio rebasa su capacidad de respuesta.

Por ello, en gobierno es importante partir de un análisis del cliente y de los servicios antes de elaborar leyes orgánicas y reglamentos internos.

Procesos Complejos vs. Procesos Sencillos: La Importancia de la Reingeniería

El gobierno, al igual que muchas empresas, ha sufrido por la excesiva división del trabajo. En su momento, la especialización de tareas fue útil para incrementar la productividad de las empresas e instituciones; para poder acelerar la producción había que partir el proceso en pequeñas tareas y darle trabajos sencillos al empleado.

Sin embargo, este tipo de administración tiene sus efectos secundarios negativos pues los procesos se vuelven muy complejos y burocráticos, todos se preocupan por su pequeña parte, nadie se hace responsable de los resultados finales y el control del servicio es prácticamente imposible.

Hoy en día, la tendencia es en sentido contrario. En lugar de tener procesos complejos y tareas sencillas, el gobierno debe simplificar sus procesos y diseñar tareas complejas para los empleados.

Tareas complejas implica que el empleado, en lugar de poner sellos, estampar firmas o pedir autorización, es responsable del servicio, tiene capacidad para analizar un problema integralmente y sobretodo, para tomar decisiones. El trabajador se siente estimulado por su nueva responsabilidad y se preocupa por servir al cliente.

Hay una gran ventaja en tener procesos sencillos: La administración se vuelve muy fácil.

Sistemas Ocultos vs. Sistema Abiertos

En gobierno, muchos departamentos se aprovechan de la complejidad de los procesos para crear "hoyos negros" en donde la información se pierde para el resto de la organización. Áreas de misterio en donde sólo unos pocos saben el estado que guardan los asuntos. Son los famosos departamentos que todos deben consultar para sacar adelante los trámites.

Esta es una estrategia muy común para asegurar el puesto, para ampliar poder y en algunos casos, para generar ingresos ilegales.

El problema no se resuelve con un cambio de personal porque la causa no está las personas sino los sistemas.

En la administración de Calidad se crean sistemas sencillos y abiertos que generan estadística relevante. La "administración visible" impide la creación de hoyos negros y de especialistas misteriosos; se fortalece el sistema y se le resta poder para uso personal a los jefes de estas áreas. Cuando todo está sobre la mesa es más fácil administrarlo y es más difícil meter mano con fines personales.

Resumen

Para captar mejor la diferencia entre la administración tradicional y la de Calidad se hace un comparativo en donde se observan las ventajas de administrar con Calidad. En estos ejemplos se encuentran los valores y principios de la administración de Calidad como el enfoque al cliente, el trabajo en equipo, los procesos sencillos, los sistemas abiertos, la confianza, la transparencia y el afán de servir, en contraposición a la desconfianza, la complejidad y el enfoque interno de la administración tradicional.

Capítulo 3: Modernización vs. Calidad

Mucho se ha hablado de modernización en el gobierno en los últimos años y es conveniente diferenciar la Calidad Total de la modernización.

La Modernización se puede comprar

Modernización es una inversión en algo exterior al personal. Es algo que se puede comprar.

Generalmente es la adquisición de alta tecnología como puede ser la automatización de procesos con computadoras, nuevo equipo de comunicación para las policías o un sistema de rastreo de llamadas. Aunque puede ser algo menos sofisticado como un nuevo edificio, mobiliario, máquinas de escribir o patrullas del año.

Calidad Total es Inversión en el Recurso Humano

La Calidad Total, en cambio, es una inversión en el recurso humano. Es algo que no se compra y que debe surgir en cada corazón y en cada cabeza de la organización. Es un cambio cultural, un cambio de valores que impacta sobre las relaciones.

La modernización genera o debe generar un incremento considerable en productividad. Las computadoras reducen el tiempo de respuesta; las nuevas patrullas pueden incrementar la presencia policíaca al reducir la necesidad de mantenimiento mecánico o bajar el consumo de combustible; el nuevo edificio puede resolver problemas de almacenamiento, de movimientos o mejorar el ambiente de trabajo y las facilidades para los clientes de los servicios.

La Calidad Total no es algo tan tangible como la modernización; es difícil tomarle fotografías y llenar las ocho columnas de la prensa. Su efecto es menos espectacular, pero constante. Día a día, semana a semana, mes a mes, año tras año la organización se dedica a rediseñar los procesos, a reducir tiempos, a dar resultados, a satisfacer al cliente. Estos incrementos marginales se suman y su resultado en largo plazo es mucho más impactante que el de la modernización pues aunque no aparece en los medios ¡sí satisface al cliente!

La modernización es más rápida que la Calidad. Su implantación depende del tiempo de entrega y del aprendizaje específico del personal para manejar el equipo. La Calidad requiere más tiempo pues depende de la capacidad de cambio y de aprendizaje de la organización. Es una inversión, no en hardware, sino en software, o mejor dicho, en "humanware", en el aspecto humano.

Cierto que al principio la Calidad genera cambios dramáticos pues las áreas de oportunidad son muy obvias y la ineficiencia existente muy grave. Pero a medida que avanza el proceso, las oportunidades se vuelven menos visibles y los cambios son marginales. Sin embargo, si todos los empleados se dedican a dar sugerencias de mejora, se crea una energía de tal magnitud que ningún proceso modernizador puede igualar.

Complemento

La modernización y la Calidad no están peleadas. Por el contrario, se complementan. En gobierno casi todo requiere modernización. Los conmutadores son malos, las máquinas de escribir son mecánicas, los autos se la pasan en el taller y la cultura de la informática aun no se empata con la del sector privado. Sin embargo, aunque el gobierno contara con todos los recursos para enfrentar este atraso tecnológico y modernizara su equipo, no mejoraría mucho la satisfacción del cliente.

El gobierno no es una industria manufacturera, es una empresa de servicio. En la manufactura, una nueva maquinaria crea un fuerte impacto en la productividad. En las empresas de servicio esto no es posible porque la productividad no depende de las máquinas, sino de las personas o mejor dicho, de como esas personas se organizan en procesos para resolver problemas y satisfacer al cliente.

Ningún equipo moderno puede vencer la complejidad de los procesos, la falta de claridad en la misión, la estructura pesada, la responsabilidad diluida o la falta de liderazgo.

De hecho, muchos servicios de gobierno no sólo no muestran mejoría con nueva tecnología, sino hasta pueden deteriorarse. Ejemplo: Una oficina adquiere software para sus procesos, pero el software no contempla todas las necesidades de sus usuarios. Resultado: Los empleados rechazan el sistema y el cliente sufre.

Si el gobierno trabajara en Calidad, seria mucho más ágil en definir con precisión el tipo de tecnología que requiere.

Es muy común que la organización empiece a modernizarse cuando ha entrado en un proceso de Calidad porque la creatividad del personal se refleja en muchos ámbitos, entre ellos, el de mejorar las instalaciones o el equipo empleado. La ventaja es que ellos mismos definen la necesidad de la modernización en lugar de que ésta venga impuesta por un jefe que desconoce las verdaderas necesidades de los empleados y de los clientes.

Cuántas veces hemos observado equipo nuevo que no se utiliza porque falta una pequeña pieza, porque no era lo que se requería o porque no se tomó en cuenta el carácter del proceso cuando fue adquirido.

Actualmente, Japón es muy creativo en el desarrollo de nuevas tecnologías, pero no siempre fue así. En el inicio de su revolución administrativa, la mayoría de las patentes no eran japonesas, sino norteamericanas o europeas. Sin embargo, Japón supo ver oportunidades que ni Estados Unidos ni Europa visualizaron y más aun, supo comercializarlas Las empresas japonesas son las que tienen el ciclo más corto entre el diseño de un nuevo producto y su venta en el mercado.

De igual manera, el gobierno debe trabajar en Calidad para saber utilizar la tecnología en favor del cliente. Mientras no se así, un gran porcentaje de los esfuerzos modernizadores sólo servirán para el relumbrón y las ocho columnas.

Resumen

Modernización es una inversión en alta tecnología, redunda en un incremento productivo único, requiere capacitación especifica, se adquiere y generalmente se implementa en el corto plazo. Es un cambio externo. Generalmente es costoso. En ocasiones es rechazado por la cultura organizacional ya que se percibe como algo extraño.

Calidad Total es una inversión en el recurso humano, logra grandes incrementos productivos a través del rediseño de procesos. Requiere capacitación en Calidad, es decir en la manera de administrar. Su implementación es lenta pues implica un proceso participativo.

El gobierno tiene mucho que modernizar pero antes de hacerlo debe cambiar su manera de administrar para asegurar que el proceso de modernización sea fácil y que las inversiones realmente obtengan la utilidad social esperada.

Capítulo 4: Reforma Administrativa de Fondo

Un Nuevo Paradigma

El gobierno requiere de una reforma administrativa de fondo, de una nueva manera de pensar y de trabajar. Su estructura y sus procesos no son aptos para la nueva realidad.

No hablamos de la compra de computadoras, de la reestructuración de algunas áreas, de la contratación de algunos "especialistas" o la privatización de algunos servicios.

Los problemas sociales que enfrenta México no pueden ser resueltos con paliativos o soluciones parciales que sólo tocan la superficie de la ineficiencia. Tampoco pueden resolverse con enfoques graduales y medicina para síntomas.

El gobierno federal, estatal y municipal requieren un cambio de paradigma, un cambio en la manera de plantear y resolver los problemas, un nuevo sistema de valores, un cambio radical en la manera de administrar.

El ciudadano quiere un cambio en su relación con el gobierno. Algunos piensan que esto se resuelve con la ayuda de administradores del sector privado, con el triunfo de la oposición (cualquiera que sea) o la alternancia de poder.

La alternancia en el poder es muy sana y hay administradores privados muy eficientes. Sin embargo, el problema es mucho más profundo. La ineficiencia - salvo en un 15% - no está causada por las personas, sino por el sistema, es decir, por la manera en que esas personas se organizan y trabajan para dar resultados.

Si el administrador eficiente o el político de oposición recién encumbrado no se dedica a rediseñar procesos, por más bien intencionado que sea, está condenado a fracasar al igual que sus antecesores.

Tenemos que aprender a observar la realidad desde otra perspectiva, ser capaces de tomar distancia del problema y crear un nuevo gobierno. Un gobierno que no existe, que no está contemplado en ningún libro de texto, en ninguna teoría política.

La inseguridad no se resuelve con más policías o más cárceles. El nivel educativo de la población no se mejora necesariamente con más escuelas o más maestros. La justicia no se alcanza con más jueces. El campo no se vuelve productivo con más recursos. La salud no mejora con más hospitales o más medicamentos.

Si hacemos más de los mismo probablemente haremos más burocracia, despilfarraremos más recursos, tendremos más corrupción y provocaremos más insatisfacción y más descontento en la comunidad, y lo que es peor, seguiremos degradando la relación entre gobierno y sociedad y fomentando la incredulidad del ciudadano en las instituciones.

El actual fatalismo o visión negativa se debe en gran medida a la ineficiencia de los servicios públicos. A pesar de que el gobierno ha hecho grandes reformas, sobretodo en el ámbito macroeconómico, no ha podido eficientar su administración y esto impacta fuertemente en el bienestar y ánimo de la población. Prueba de ello es que le siguen rondando los mismos problemas de siempre, le siguen recurriendo las mismas crisis de hace 20 años.

No podemos seguir haciendo más de lo mismo, necesitamos cambiar de raíz, es decir, cambiar de paradigma. El nuevo paradigma debe reconocer al cliente como la razón de ser del gobierno, debe crear organizaciones de confianza para fomentar una relación adulto-adulto entre los empleados, debe utilizar la capacidad creativa de toda la organización, debe utilizar herramientas de diagnóstico, planeación y control de los procesos, debe eliminar la jerarquía y el centralismo, debe crear estructuras ágiles y ligeras que respondan rápidamente a las demandas de la sociedad, debe reforzar los niveles operativos y debe ser capaz, ante todo, no sólo de aceptar el cambio, sino de desearlo y fomentarlo. Se requiere un enfoque muy fresco y realista. En pocas palabras, estamos hablando de una auténtica revolución administrativa.

El Cliente es el que Manda

Si bien es cierto que el lenguaje legal utiliza términos de servidor público para los funcionarios de gobierno, las palabras han perdido su significado pues todos sabemos que la percepción de la sociedad es muy diferente. El ciudadano percibe al gobierno como un mal necesario y al funcionario como un oportunista que utiliza el poder para sus propios intereses.

La única manera de regresar al significado original de la ley es poner al cliente de gobierno, es decir, al usuario de sus servicios y al ciudadano en general, como jefe, como razón de ser de la organización, como verdadero dueño de los fondos públicos y sus demandas y expectativas, como áreas de oportunidad para la mejora.

¿Quiénes son los clientes en educación, los niños, los padres o ambos? ¿Qué es lo que desean y esperan? ¿Qué tipo de servicios pueden satisfacer estas demandas? ¿Quién debe prestar el servicio, el gobierno o la sociedad? ¿Qué servicios podemos eliminar o rediseñar? ¿Cómo deben realizarse estos servicios? ¿Cómo podemos saber si realmente está satisfecho el cliente? ¿Cómo se compara la educación con la de otros países, sobretodo los mejores? ¿Qué debemos aprender de los campeones de la educación? ¿Quiénes son esos campeones?

La organización debe orientarse a servir a su cliente. Esta es la razón de ser, esta es la justificación para gastar o invertir fondos públicos, esta es su misión. No debe gastar un solo peso que no esté destinado a satisfacer al cliente.

Sin embargo, la mayoría de los funcionarios y empleados no tienen este enfoque. No saben quien es su cliente y si lo saben, nunca le han preguntado si está satisfecho con sus servicios.

Es posible que algún empleado esté genuinamente preocupado por servir, pero trabaja dentro de un sistema que no le permite actuar. Es posible que el jefe sea extraordinariamente sensible y esté orientado al cliente, pero no ha podido organizar a la dependencia para cumplir con esta misión.

Es posible que algún departamento de gobierno exprese su preocupación por su cliente, pero en lugar de atenderlo se dedica a complacer al jefe; cuando planea alguna mejora, nunca pregunta si esa mejora está solicitada por el usuario, nunca ha revisado los procesos que ejecuta para ver lo complejo que es lograr un resultado positivo; por último, nunca se ha puesto en el papel del cliente para ver lo fastidioso que es lidiar con esa dependencia. En el mejor de los casos, solamente se logran avances esporádicos e inconsistentes.

En gobierno, al cliente siempre se le obliga a ir personalmente para hacer su trámite, es incapaz de obtener información vital por teléfono, fax, módem o cualquier otro medio moderno de comunicación; en muchos casos tiene que trasladarse a otra ciudad para obtener información o iniciar el proceso.

No encuentra estacionamiento para su auto. La oficina está fuera de las rutas de transporte colectivo. No hay un módulo de información donde pueda conocer los requisitos o el estatus de su trámite. Tampoco hay sanitarios o teléfonos públicos, cafetería o enfermería.

Ningún empleado con el que entra en contacto se responsabiliza por resolver su situación. Como lo operativo no funciona y no hay delegación de poder, busca lo único que puede resolver su problema: Una cita con el jefe. Pero éste tiene una larga antesala y una secretaria con actitud prepotente. Además, el jefe se encuentra agobiado con tanta operación y no tiene un sistema de control, lo más que puede hacer es decir que va a "estudiar" el caso.

El cliente tiene que penetrar en este laberinto que nadie entiende, nadie, excepto un empleado intermedio que requiere de una "mordida" para agilizar las cosas. Con algo de suerte, el cliente lo encuentra y acepta este camino como único medio para resolver su situación. Aun así, debe acudir y llamar varias veces.

La organización desconoce el sufrimiento del cliente o se excusa diciendo que ese es el camino que le marca la ley o la costumbre. Aun conociéndolo y sensibilizándose al respecto, no encuentra cómo modificarlo, es decir, las herramientas para mejorar. Sabe que mejorar el servicio es novedad de algún jefe o eslogan hueco en el que nadie cree aunque se encuentra plasmado en muchos cartelones de la oficina.

Por esta administración tradicional, muchos crímenes quedan sin resolver, muchos inocentes purgan sentencia, muchos negocios están en quiebra, muchos alumnos y maestros desperdician su tiempo, muchos ciudadanos pagan caro por usar su teléfono, muchas cosechas se pierden y miles de empleados públicos despilfarran tiempo y recursos de la comunidad.

Desde afuera, los clientes de gobierno suponen que hay falta de capacidad en los funcionarios e incluso mala fe y probablemente, hay un buen porcentaje de casos que así lo confirman, pero 85% del problema se ubica en los procesos, no en las personas. La administración actual no permite la eficiencia. El sistema está diseñado para el fracaso, no para el éxito.

El reto, entonces, es crear un gobierno enfocado al cliente. Una administración que a través de encuestas periódicas, grupos de enfoque y reforzando los niveles operativos que están en contacto directo con el usuario, conozca a ciencia cierta las demandas y expectativas de su mercado y se organice para servirlas con eficiencia y prontitud.

Esto no es lo mismo que estar atento a los medios de comunicación. Los críticos no siempre conocen o plasman el universo total de las demandas y solicitudes de la clientela. El crítico está ahí para vender su opinión y presionar al gobierno; tiene sus propios intereses, su propio negocio. Por supuesto que los medios son útiles, pero el gobierno no debe quedarse ahí, por el contrario, debe preocuparse por tener contacto directo con sus clientes y de ellos - ahora sí - hacerle caso a los más críticos, pues son estos los más útiles para abrirle los ojos a la organización.

En pocas palabras, el gobierno no debe confiar en los medios de comunicación como único enlace entre la organización y el cliente.

Ojo políticos: Cuando una administración gubernamental tiene este contacto directo y se encarga de servir y prevenir, se inmuniza contra ataques injustificados de los medios y de la oposición.

Esta preocupación por entender y servir al cliente se percibe de inmediato, aun antes de que los servicios mejoren, los clientes sienten una actitud diferente, un afán de servicio, un reconocimiento al ciudadano, un ventarrón de aire fresco que está a punto de oxigenar a toda la organización.

El reto, entonces, se convierte en la manera de impregnar a la organización con la "voz del cliente" y llevarla - con herramientas de Calidad - a resultados concretos, a signos visibles como servicios útiles, menor tiempo de respuesta, mayores comodidades durante el servicio y quizá hasta una verdadera sorpresa agradable para los usuarios del servicio que arranca un "vaya, por fin" o mejor aun, "esto no parece oficina de gobierno, parece una empresa eficiente".

La dependencia que empieza a escuchar a su cliente, entra de lleno a un periodo de rediseño de servicios que elimina muchos pasos en servicio y mejor aun, trámites completos. Se siente energizada, llena de creatividad pues las fuerzas que antes operaban en su contra ahora la ayudan a triunfar. Así mismo, se preocupa tanto por su cliente que empieza a rebasar la esfera normal de sus actividades.

El Registro Civil de Nuevo León

El registro civil de gobierno estatal de Nuevo León es un buen ejemplo. En 1993, se inicio un programa de Calidad para rediseñar los servicios de emisión de actas de nacimiento, matrimonio, defunción, etc. Por años, el servicio se había hecho de la misma manera: El cliente tenía que acudir personalmente, pagar y esperar 48 horas - si todo iba bien - para pasar a recoger el acta.

La primera oportunidad que la dependencia detectó fue la de capturar electrónicamente todos los registros por medio de computadoras. Esto permitiría reducir el tiempo de emisión a no más de 15 minutos. Sin embargo, el sistema tardaría en implantarse pues había que capturar electrónicamente todos los registros históricos.

Mientras tanto, creó un servicio de solicitud telefónica y contrató un servicio privado de entrega a domicilio. Con él, el cliente se ahorraría las vueltas a la oficina pública.

Sin embargo, al meterse de lleno al proceso, el equipo de Calidad descubrió que una gran cantidad de clientes eran padres de familia que acudían a solicitar el acta de nacimiento de sus hijos que ingresarían a primaria. Esto sucedía año tras año en la víspera a las inscripciones escolares.

¿Quién es el cliente? preguntaron los miembros del comité de Calidad, ¿Es el padre del futuro alumno o es la Secretaría de Educación?

La respuesta fue obvia para todos: La Secretaria de Educación es nuestro verdadero cliente pero estamos utilizando a los padres de familia como mensajeros entre ambas dependencias de gobierno y además, ¡ le estamos cobrando por su servicio!

¿Qué podemos hacer? Volvieron a preguntar.

Podemos enlazarnos directamente con la Secretaria de Educación y evitar que el padre de familia solicite el acta.

¿Qué es lo que nuestro cliente necesita?

Lo que ellos necesitan <u>no es el acta</u> sino la <u>información</u> que esta contiene.

¿Cómo podemos hacerlo?

La autoridad educativa definió el universo de estudiantes que se inscribirían en el próximo ciclo escolar y después de negociar, aceptó recibir la lista de ellos en lugar del acta de nacimiento.

De inmediato se presentó otro problema: Dejarían de ingresar recursos pues ya no habría oportunidad de cobrar actas.

Era necesario negociar con la Secretaría de Finanzas y Tesorería para que aceptase el nuevo paradigma: La misión del Registro Civil no era generar recursos sino emplear recursos públicos en favor de los ciudadanos.

Este fue una profunda reforma administrativa que la Dirección del Registro Civil de Nuevo León realizó sin necesidad de computadoras. El cambio fue dramático, un verdadero "breakthrough" derivado no de la tecnología sino del enfoque al cliente, quien, por cierto, se mostró muy satisfecho por su ahorro de tiempo y de dinero. Hubo valor agregado en lo que hacia esta dependencia y por supuesto, gran satisfacción por parte de los padres de familia.

Poder para el Mostrador

Es muy útil contar con encuestas periódicas y buzones de sugerencias para que todo el equipo se concientice sobre su cliente y elabore el plan de mejora de acuerdo a las expectativas del cliente. Sin embargo, esto no es suficiente. Es necesario dotar de poder a los empleados que están en contacto directo con el cliente externo.

El empleado de mostrador debe ser capaz de resolver cualquier problema que se presente en la operación diaria e incluso contar con la autoridad necesaria para solucionar casos extraordinarios. Más aun, debe tener autoridad para sugerir y provocar rediseño de procesos.

Para lograrlo, es indispensable controlar el proceso, es decir, contar con un sistema administrativo-informativo efectivo que respalde al servicio. Este sistema debe contener las reglas básicas de la operación e incluso los criterios de decisión para resolver excepciones.

Sólo en caso extremo, el empleado de mostrador debe consultar al jefe. Esto eficientiza tremendamente el servicio y logra respuestas rápidas y certeras. En lenguaje de Calidad se conoce como los "momentos de la verdad", es decir los momentos en que la organización debe responder al cliente, el instante en que se puede ganar o perder un cliente para siempre.

Así mismo, el empleado de mostrador debe tener poder para acudir directamente ante el titular de la dependencia y exponer los problemas que está enfrentando para atender al cliente y sus sugerencias de mejora.

Los empleados de mostrador son los que más conocen al cliente y por ende, los que tienen capacidad de observar con mayor facilidad los errores de la organización.

Todo este poder para el cliente y para el empleado de mostrador implica un fuerte cambio cultural y por lo mismo no es inmediato. Sin embargo, es el motor de la Calidad. Debemos recordar que las organizaciones son ciegas a la opinión de los clientes y ante las oportunidades de cambio porque todo mundo es ciego a lo que hace rutinariamente.

Los empleados de mostrador son la parte más importante de la dependencia y por tanto, no podemos dejar de insistir en dotarlas de autoridad y poder real.

Si los niveles operativos resuelven los problemas cotidianos ¿qué hará el directivo con tanto tiempo libre? El directivo está ahí no para atender lo operativo sino para guiar a la organización rumbo a las ventajas estratégicas y de ello hablaremos más tarde. Lo importante por ahora, es señalar que la manera de que la organización abra los ojos y encuentra el camino al éxito es escuchando y atendiendo las demandas y expectativas de su clientela. Mientras no sea así, seguirá imaginando soluciones mágicas y tropezando con la cruda realidad.

Todo aquel que tiene oportunidad de vengarse lo hace con gusto y si bien es cierto que el gobierno es monopolio de ciertos servicios, las elecciones son buen momento para cobrarse todos los agravios, grandes, pequeños y medianos.

Clientes internos

Así como los clientes más importantes son los clientes externos - los usuarios de los servicios de gobierno - es importante señalar que el enfoque al cliente también opera para los clientes internos, es decir, para los empleados de la dependencia.

¿Cómo funciona?

Cada trámite es un proceso que se subdivide en etapas y cada etapa es desempeñada por un departamento. El asunto viaja de etapa en etapa, es decir de departamento en departamento hasta que sale como respuesta a la petición ciudadana. Es una cadena sucesiva de eventos que tienen que darse para lograr el servicio.

Cada eslabón es cliente del eslabón anterior y proveedor del siguiente eslabón. El empleado de mostrador debe recabar los documentos necesarios para pasarlos quizá al departamento técnico y el departamento técnico a su vez, debe pasar el expediente al jurídico, el jurídico, finalmente regresa el asunto al mostrador para dar respuesta al cliente.

El departamento técnico debe definir muy bien al mostrador todos los documentos que requiere. En esa etapa del proceso él es el cliente y el empleado del mostrador es el proveedor. Si el mostrador hace las cosas de manera diferente a las demandas del técnico el proceso se interrumpe, se demora o se resuelve equivocadamente. Lo mismo sucede en el paso siguiente: El técnico debe satisfacer las demandas de su cliente, el departamento jurídico, como este las solicita. El mostrador es el proveedor original y el cliente interno final del proceso.

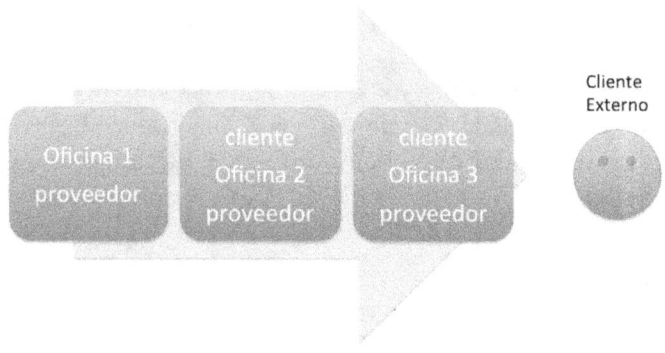

Todo ello, por supuesto, tomando en cuenta que todos estos departamentos conocen la misión de la dependencia y tienen claro que su razón de ser es servir al usuario del servicio. Conocen el plan de mejora y sus estrategias. Es decir trabajan como un verdadero sistema en favor de los resultados. Se reúnen periódicamente para eliminar pasos que no agregan valor y cuellos de botella que entorpecen el flujo.

Trabajando en equipo, la dependencia crea una verdadera cadena cliente-proveedor que cubre todo el proceso y asegura los resultados deseados.

La Pirámide Invertida

Otra manera de explicarlo es poniendo al cliente externo en el vértice de la pirámide organizacional y al jefe en la base. Los niveles operativos son proveedores del cliente externo pero clientes internos del siguiente nivel organizacional. Como podemos ver el jefe es el proveedor más importante de la pirámide: Todos los empleados que dependen de él son sus clientes.

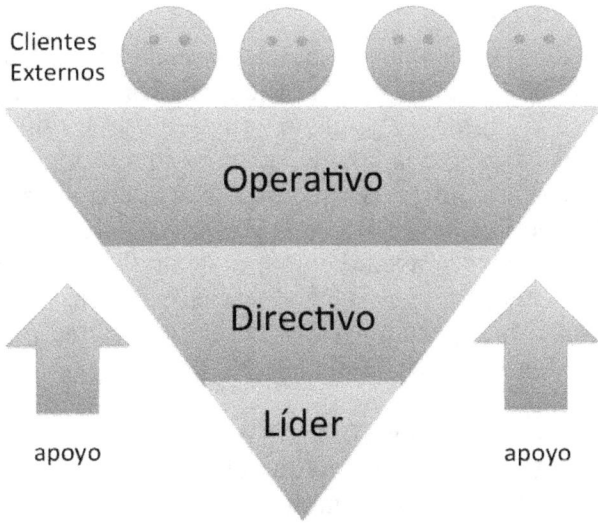

La moraleja aquí es que no se puede servir al cliente externo si no estamos sirviendo al cliente interno y esto quizá tenga más connotaciones que la cadena cliente-proveedor pues el empleado no puede pensar en Calidad si no cuenta con la infraestructura básica de un salario competitivo, un horario razonable, un espacio digno, equipo y materiales necesarios, una forma de trabajo participativa y democrática que le permita desarrollar todo su potencial como ser humano y ante todo, el poder para tomar decisiones.

Todos Piensan, Todos Resuelven

El peor error que puede cometer un jefe es creerse dueño de la verdad absoluta y pensar que las buenas ideas sólo él las produce. En el gobierno, como en toda empresa burocrática, esto es muy común. El de arriba da órdenes todo el día, firma todos los papeles de la oficina, le fascina resolver excepciones, empujar la operación y sentirse muy importante.

Quizá por inseguridad, quizá porque tiene un ego demasiado grande, quizá porque esa es la cultura que encontró al tomar el puesto, quizá por él también ha recibido órdenes toda la vida, quizá porque los subalternos no están acostumbrados a sugerir, quizá porque nadie le ha enseñado otra alternativa, el caso es que este el esquema de la administración tradicional: El de arriba da órdenes, el de abajo ejecuta y el de en medio controla. Una típica estructura jerárquica que en otro tiempo fue efectiva y que ahora es un freno a la Calidad.

Así mismo, antes la escolaridad de los empleados era baja, hoy en día es más probable que el único que no sepa usar una computadora, una hoja de cálculo o una base de datos sea -precisamente - el jefe.

En jerarquía, el jefe está lejos del cliente y desconoce sus demandas. Actúa en una realidad muy compleja que rebasa su capacidad de conocimiento, de análisis y de decisión. Además, todo el proceso debe esperar a que este sabelotodo haya firmado el expediente, etapa que no agrega ningún valor al proceso y que sólo muestra el esquema de desconfianza de la organización.

El jefe cree que controla el proceso porque firma o revisa todo, pero en la práctica sabemos que esto no es posible. De hecho, en gobierno, el deporte predilecto de los empleados es engañar al jefe ya sea con fines de lucro o para demostrarle que su jerarquía no sólo es insultante, sino inoperante (el pillo es el héroe de las tiranías).

En Calidad la relación es diferente: todos piensan. No sólo se fomenta la participación de los empleados sino que se premia al que hace sugerencias de mejora. La opinión de los niveles operativos son las más importantes porque ellos están en contacto con el cliente y conocen las deficiencias del proceso; son los que ayudan, generalmente, con los detalles finos.

Los niveles intermedios contribuyen con una visión de conjunto y pueden coordinar proyectos y estrategias de la organización.

Los niveles directivos, apoyan a toda la organización a cumplir con el Plan Maestro y las grandes estrategias.

Todos participan en el enfoque al cliente, en el plan de mejora y en su implantación.

Sin embargo, esto no es una regla dogmática pues un detalle pequeño en apariencia, sugerido por el operativo, puede convertirse en estratégico. Por ello la única jerarquía deseable es la jerarquía de las ideas.

Cuando esto sucede, la organización se carga de energía, de la muy natural energía creativa de todo ser humano. Los que se sentían agobiados por la rutina, repentinamente salen de su letargo y se vuelven a enamorar de su trabajo.

La mente humana es curiosa por naturaleza y está diseñada para encontrar patrones de **causalidad** (causa-efecto) en lo que observan. La mente gusta de enfrentar problemas y resolverlos, de indagar y de crear; gusta interactuar con su medio ambiente para mejorarlo.

Las estructuras jerárquicas reprimen esta tendencia natural y eso es tanto como el agobio que sufren los animales salvajes en una jaula de zoológico. Crear un ambiente de participación es sacar al ser humano de la jaula y rescatarle su dignidad, su razón de ser, su misión en la vida.

Muchos argumentaran que las relaciones jerárquicas son parte de nuestra cultura. Puede ser, pero la cultura es más dinámica de lo que se supone, sobretodo si el nuevo sistema utiliza las fuerzas naturales y el instinto humano a su favor. Un cambio de sistema inmediatamente cambia las relaciones en la organización y los empleados nunca vuelven a añorar la cultura anterior.

Hace tiempo tomé un nuevo trabajo. Inmediatamente pedí conocer a mis colaboradores. El primero que entreviste llevaba más de 20 años en su puesto. Me planteó un problema grave.

- "¿Qué podemos hacer?", le pregunté.

-"Lo que tu digas", me contestó, en una muy típica actitud de sumisión.

- "Tu tienes 20 años en el puesto", le respondí, "yo sólo tengo 20 minutos, ¿no crees que tú eres el que debe resolver? Consulta con tu equipo y plantéame las alternativas de solución. Por cierto, entre ellas, escoge la que más te guste".

Este hombre me había demostrado que todos sus jefes trabajaban en jerarquía y como era lógico suponer, el también hacia lo mismo al interior de su dirección. Desafortunadamente, nunca pudo crecer y aceptar la responsabilidad de tomar decisiones. Después de varios meses de intentos él y yo, en equipo, decidimos transferirlo a otra área.

Su substituto - más ejercitado en la administración de Calidad - me explicó que la situación de toda el área era insoportable. Nadie aportaba soluciones, nadie se enfocaba a resolver problemas. Era muy probable la necesidad de cambiar a una buena parte del personal.

A los pocos días volvió a buscarme. Me dijo que algo extraordinario estaba sucediendo, que los empleados habían cambiado radicalmente, estaban muy activos y sumamente entusiasmados con la oportunidad de modernizar el área, estaban mostrando su verdadero potencial y en vista de ello, no era recomendable cambiar a ninguno de ellos. En pocos meses el equipo de esta dirección implantó un plan de mejora con excelentes resultados.

Eso es lo que sucede cuando se establece un nuevo sistema de valores que fomenta la participación y el crecimiento de la organización, que se empata con las aspiraciones de los clientes internos, que reinterpreta la naturaleza humana, pone a todos a pensar y genera un ambiente de respeto y reconocimiento que juega en favor del servicio.

Los de Abajo Siempre Compran el Cambio hacia la Calidad

Los niveles operativos siempre aceptan el proceso de cambio hacia la Calidad. La razón es muy sencilla: La Calidad juega en favor de su autoestima.

Aun cuando no se les pueda mejorar el sueldo o las prestaciones, aun cuando las oficinas aun sean incómodas y el equipo obsoleto. Lo vital es que ahora ellos son importantes, sus opiniones cuentan. Se convierten de nuevo en individuos con razón y emoción que contribuyen al bienestar de la organización y de la comunidad.

¿Quién se puede resistir a un trato como ese?

En la nueva cultura, el jefe los valora y los respeta. No les da órdenes sino que les comparte el problema y les pide que generen soluciones. Los visita periódicamente para conocer sus condiciones de trabajo, para conocer sus métodos y sobretodo sus sugerencias de mejora. Se reúne con ellos en equipo para definir las necesidades del cliente y la misión de la organización, para definir los objetivos, metas, estrategias y acciones del plan de modernización; para analizar los procesos, eliminar los servicios que no van con su misión y quitar todos los pasos que no agregan valor; para crear sistemas visibles y abiertos; pero ante todo, para crear lazos de compañerismo y codependencia. Es una relación adulto-adulto.

En ese momento el jefe deja de ser jefe y se convierte en un líder que se respeta no tanto por su jerarquía sino por su actitud. No tiene que ser el experto o el sabio de la organización, ese no es su papel. Es un gran coordinador de voluntades, alguien que sabe formar equipo y extraer lo mejor de cada quien. Es alguien que sabe escuchar y entender. No es un santo ni un hombre perfecto y así como el acepta errores en los demás, los demás también aceptan sus partes débiles. Cada uno se complementa con su individualidad en una relación no de dependencia sino de codependencia.

Es ejecutivo no porque tenga los mayores conocimientos sino porque toma decisiones y acepta riesgos; apoya al equipo en todo momento, les delega autoridad, los reconoce como adultos responsables.

Esta fidelidad del líder hacia el equipo es correspondida por la fidelidad del equipo hacia el líder. Nadie olvida una oportunidad de esta magnitud.

Al rescatar su dignidad y mejorar su autoestima los empleados empiezan a solicitar mejores condiciones de trabajo. Esto juega a favor del cliente pues así como ahora ellos son reconocidos internamente, empiezan a reconocer a su cliente.

Es una verdadera revolución, pero una revolución de adultos: responsable, pacifica, creativa, productiva y fructífera.

El trabajo en equipo aminora las intrigas y los pleitos internos. El mensaje es claro: Todos tienen derecho a inconformarse y a tener conflictos pero de una manera abierta y respetuosa. Eso es mejor que un ambiente de represión en donde la negatividad y agresividad existen pero no se manifiestan pacíficamente, sino a través de intrigas y golpes bajos. La moraleja es: Todo lo que no sale a la luz se revierte con tropiezos, todo lo que se reprime, se convierte en fuerza destructiva, se agazapa y espera el mejor momento para crear problemas.

En este universo siempre hay colaboradores inmaduros que pretenden brillar a costa de los demás y quieren una victoria clara, un reconocimiento del jefe para destruir o ridiculizar al rival. Estos empleados utilizan la nueva apertura para mostrar su agresividad mal enfocada. Si este colaborador tiene madera para crecer, muy pronto entenderá que el camino es otro y que el problema es su propia falta de autoestima. Si el colaborador no tiene madera para crecer, él mismo se aísla del proceso y queda fuera.

El cambio cultural es profundo y a veces no todos lo entienden. Nadie gusta de ilusionarse y correr el riesgo de un desencanto. Los empleados están acostumbrados a la jerarquía. Por ello, es importante que el líder refuerce la credibilidad con signos muy claros a través de su conducta.

Si los signos son oportunos, el cambio es rápido. Una vez que la organización empieza a funcionar en la nueva cultura, los beneficios son inmediatos. El equipo se llena de energía, todos aportan más a su trabajo y los clientes empiezan a recibir mucho mejor servicio.

Lo más importante de este proceso es que el cambio hacia la Calidad no es asunto de un experto o una visión del jefe, es labor en equipo de toda la organización. Cualquiera se resiste al cambio cuando es impuesto u obligado. Si por el contrario, el cambio es decisión de todos, el proceso es fácil y fluido porque hay sentido de pertenencia. Quizá algunos no estén de acuerdo con las decisiones, pero ahora las decisiones no son de un hombre sino del grupo y esto obliga al consenso y el compromiso. El cambio siempre es doloroso cuando es externo y placentero cuando es propio. Esto se logra cuando el proceso de cambio es participativo.

En síntesis, la administración de Calidad es lenta en un principio porque implica un cambio cultural. Muchas veces el camino es muy claro, pero nada se logra si antes no se convence a la organización de seguirlo. El proceso de lograr consensos es lo que demora los resultados. Sin embargo, una vez alcanzada la nueva cultura, se puede estar seguro que la organización seguirá aprendiendo y mejorando sin necesidad de que nadie los empuje pues los empleados ya han aprendido a buscar la mejora por sí mismos. Esto le imprime mucha velocidad al proceso de cambio y lo hace sumamente efectivo en el mediano plazo.

Es preferible entonces, la estrategia de "tirón" que la de "empujón". Cuando el proceso se hace jerárquicamente se está empujando a la organización y ésta se resiste (estrategia de empujón).

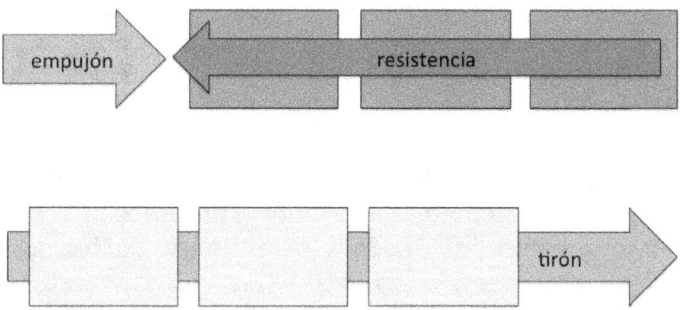

Cuando el proceso es participativo y se nutre de capacitación adecuada, el personal empieza a desear el cambio y a fomentarlo (estrategia de tirón).

Los niveles operativos siempre mejoran con la administración de Calidad y por tanto, son los primeros en comprar esta nueva manera de administrar. Por ello, si la organización cuenta con un buen líder, la Calidad llega rápidamente, aun a pesar de la resistencia en otros niveles.

¿Quiénes se Resisten al Cambio?

La experiencia dice que una vez que el líder está convencido y se ha puesto en marcha el proceso, los que más se resisten al cambio son los niveles intermedios. Aquellos que - en la estructura jerárquica - son contratados para asegurar que las órdenes del jefe sean acatadas por los niveles operativos.

Este nivel rápidamente entiende que la nueva manera de administrar fomenta el auto-control y la responsabilidad, y que allí no encaja su papel de controladores. Se sienten amenazados por un nuevo esquema que reduce su poder.

Los sistemas de información abiertos, la delegación de autoridad hacia los niveles operativos y el contacto directo del jefe con los niveles operativos los inquieta de sobremanera.

La administración de Calidad tiene como subproducto que los niveles de mando se acortan y la pirámide se achata con el gran beneficio de que la información se vuelve fidedigna y confiable pues no se distorsiona con la resistencia de cada escalón jerárquico.

La Calidad no aspira a reducir personal y no debe identificarse con ello, pero la nueva eficiencia libera recursos que deben ser utilizados en otra área de gobierno o en otra organización.

Es posible que una dependencia haga este proceso de reducción aun antes de iniciar el proceso de Calidad . Pero aun así, cuando la organización inicia el proceso de Calidad, muy pronto vendrá la conclusión que los de "en medio" o mejor dicho, los que están diseñados para controlar jerárquicamente, salen sobrando.

Por ello, aunque algunos autores sugieren que la Calidad baje en cascada desde el líder de la organización hasta abajo, esto es prácticamente imposible pues es muy común que el chorro se interrumpa a la mitad de la estructura, especialmente en gobierno, donde son excesivos los niveles organizacionales: secretario, subsecretario, director general, director de área, subdirector, jefe, coordinador , etc.

Esto obliga a formar equipos de Calidad y a capacitar a los niveles operativos cuanto antes. A crear una alianza entre el líder y los empleados de mostrador desde el arranque.

También obliga a concientizar los niveles intermedios y a buscar su participación en el proceso para encontrar soluciones en equipo. Muchos líderes intermedios pueden ser grandes aliados del cambio si se les da la oportunidad de conocer y participar. Es decir, aunque en estos niveles es donde generalmente enfrentamos la mayor resistencia, no debe dejárseles fuera del proceso. Todos deben recibir la misma oportunidad.

La administración de Calidad depende de los líderes y debemos recordar que cada cual es líder a su nivel. Cuando hay un buen líder el proceso de cambio es rápido y efectivo, cuando hay un líder inmaduro e inseguro que se siente amenazado por la nueva cultura, el proceso es prácticamente imposible.

Muchas veces estos falsos líderes adquieren el lenguaje de Calidad pero no su fondo. Utilizan la retórica para complacer al superior pero no transforman la cultura ni rediseñan los procesos. Eso se conoce como la etapa del falso aprendizaje y si el líder máximo de la organización no sabe distinguir a estos mimetas, el proceso se revierte pues la organización capta un mensaje equivocado.

Es importante dar oportunidades, pero siempre hay un plazo razonable y si por ahí hay jefes que se oponen al proceso o que no tienen capacidad para llevarlo a cabo, es mejor buscarles otra área de oportunidad.

Dos o tres acciones en ese sentido generalmente son suficientes para convencer al resto de los opositores de lo serio del proceso y que el compromiso debe ser de todos. Este es un recurso que debe ser usado con cuidado y mesura, pero sin ingenuidad. A veces es más fácil sustituir que transformar. No se debe sobrecalentar con marchas forzadas pero tampoco se puede avanzar con lastre innecesario. Si después de varias oportunidades no hay transformación, es tiempo de buscar un substituto. El equilibrio es fino y el líder debe usar toda su capacidad racional e intuitiva para marcar el ritmo.

Preguntar Cuando Menos, Cinco Veces ¿Por Qué?

La administración de Calidad promueve una nueva manera de pensar y resolver problemas. Es algo que - desafortunadamente - debe reaprenderse pues la escuela y la universidad, generalmente enseñan a captar información más no a ponerla en práctica. Esta actitud se refuerza en el trabajo. La administración tradicional valora la capacidad de acatar órdenes, no de solucionar problemas. Sólo los niveles superiores tienen ese privilegio, el resto debe disciplinarse.

Sin embargo, la mente humana está diseñada para encontrar soluciones; todos tenemos que resolver problemas y tomar decisiones en nuestra vida.

Sabemos que gran porcentaje de la solución está en el planteamiento del problema, pero no fomentamos esta actitud entre el personal. El jefe tampoco lo hace. Quiere demostrar que sabe y gusta de esputar respuestas como ametralladora a pesar de no tener suficiente conocimiento especifico.

Antes de tomar una decisión debemos - cuando menos - preguntar 5 veces por qué. Esto nos lleva a las causas en lugar de perdernos en los síntomas y a resolver de raíz o para siempre el problema.

Problema: un juez está resolviendo casos equivocadamente.

¿Por qué?

Porque tiene sobrecarga de trabajo.

¿Por qué?

Por que recibe más casos de los que puede resolver.

¿Por qué?

Las secretarias no están bien capacitadas y tienen baja productividad.

¿Por qué?

Hay un alto índice de rotación en el personal.

¿Por qué?

Los despachos privados piratean a las secretarias de los juzgados

¿Por qué?

Porque están mal pagadas.

¿Por qué?

Porque el presupuesto anual nunca ha considerado sueldos competitivos.

¿Por qué?

Porque no hay un tabulador de sueldos que se compare contra el mercado

¿Por qué?

Porque los juzgados no cuentan con un administrador que entienda y resuelva estos problemas. La administración está en manos de los jueces y ellos no tienen tiempo para atenderla con eficiencia.

¿Por qué?

Porque la estructura organizacional fue diseñada hace más de 25 años.

Conclusión: por lo menos una causa de la sobrecarga de trabajo se debe a la rotación de personal. Solución de raíz: Deben pagarse mejores sueldos de acuerdo al mercado laboral. Debe crearse un puesto administrativo para eficientar la administración de los juzgados y liberar al juez de estas labores. Probablemente, esto impacte favorablemente en otros problemas como el de abastecimiento de recursos y el de equipamiento de oficinas.

Peor aun, las decisiones se toman sin soporte estadístico. ¿Cómo puede la policía hacer una buena labor preventiva si no conoce su realidad?

¿En que colonias se cometen más delitos? ¿ Son robos, lesiones o delitos sexuales? ¿En qué épocas del año se incrementan estos delitos? ¿ Quiénes los cometen? ¿En qué horarios?

La estadística es vital para poder planear acciones y verificar resultados es la historia en número de la realidad.

Causas Comunes y Causas Especiales

Con la estadística además, podemos saber si las variaciones son normales o son extraordinarias de acuerdo a la gráfica de control de Shewhart.

Esto tiene gran importancia en la actitud de los administradores públicos. Todo proceso tiene límites normales de variación. La variación normal, esperada, es provocada por causas o factores comunes inherentes al proceso y se encuentra dentro de esos limites.

Ejemplo. Los robos que se cometen en la ciudad se deben a muchas causas: causas sicológicas, causas sociales, causas económicas. La cantidad de robos por mes varía. Es claro que en periodos vacacionales (Navidad, Semana Santa, etc.) los robos incrementan por que muchos habitantes salen de la ciudad y los delincuentes aprovechan la oportunidad. También es cierto que septiembre es un mes de muchos gastos (inscripciones escolares, útiles, uniformes, etc.) y ello también empuja la cantidad de robos hacia arriba.

Sin embargo, todas estas variaciones son "normales", es decir dentro de los limites estadísticos, provocado por causas comunes y fácilmente observable en una gráfica de control.

ROBOS AREA METROPOLITANA MONTERREY

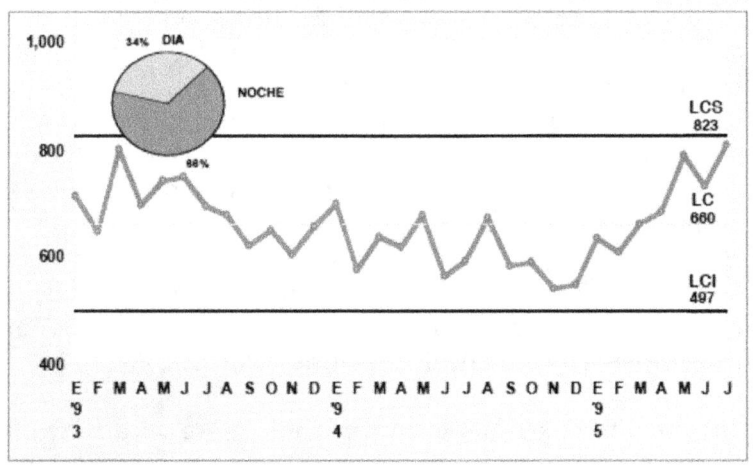

Normal no quiere decir aceptable. Es claro que ningún delito es aceptable lo que significa es que es un resultado estadísticamente esperado porque es parte de la variación normal de un proceso.

Caso distinto seria que a la ciudad legara una oleada de guerrilleros o estallara una revuelta social causada por un apagón o por una acción arbitraria de la autoridad.

En ese caso veríamos una excepción, una causa especial que está provocando una variación por encima de los límites estadísticos.

¿Cuál es la utilidad práctica de distinguir entre una causa común y una especial?

El administrador (y de nuevo me refiero a su connotación amplia, todo aquel que tiene un servicio a su cargo y debe administrar recursos) debe saber distinguir entre una causa común y una causa especial. Cuando es una causa especial el administrador debe reaccionar de inmediato. Si una banda de delincuentes se ha posesionado de un barrio, hay que mandar refuerzos para combatirlos y volver a la paz social.

Si por el contrario, se trata de una causa común, el administrador no resolverá nada reaccionando impulsivamente. Debe penetrar en el proceso para poder variar los resultados. Si la policía quiere reducir el índice de delitos, debe actuar en todas aquellas causas que inciden en la delincuencia como el profesionalismo de los policías, la presencia policíaca, la relación con los vecinos, los sistemas de comunicación e información, las instalaciones deportivas de los barrios, la iluminación de las calles, el equipo de transportación y los procesos vitales como recepción y atención de llamadas de auxilio.

Si los delitos patrimoniales incrementan en vacaciones no es ningún resultado inesperado pues todos los periodos vacacionales sucede y por tanto, puede ser previsto y evitado. Es una causa común, no especial. Es parte del proceso de la delincuencia.

El problema de una mal administrador es que cree que todo es excepcional y reacciona ante causas comunes como si fuesen especiales. Con ello, lo único que provoca es mayor variación. Si en vacaciones el jefe de policía manda refuerzos a algún barrio, seguramente está descuidando al resto de la ciudad y es muy probable que aunque reduzca los delitos en ese barrio, la incidencia incremente en términos globales.

La moraleja de la causa común y la causa especial es que las urgencias y el 99% de los problemas pueden ser evitados si el administrador penetra en las causas que provocan ese resultado. En términos prácticos, no hay excepciones y el administrador público debe ser capaz de anticiparse a los problemas.

Sin embargo, en México, la mayoría de los servidores públicos actúan como si todo fuera urgente o especial y por tanto, son incapaces de mejorar los resultados de un servicio. El plan "Hoy no Circula" de la Ciudad de México es un buen ejemplo de lo que no debe hacerse. Cierto que en un principio redujo la contaminación pero al institucionalizarse, provocó la compra masiva de un vehículo "emergente" para poder circular el día de paro. Con ello se incremento el parque vehicular de la ciudad y la cantidad total de vehículos, muchos de ellos, en malas condiciones. Es decir se convirtió en causa común.

"Hoy no Circula" es una medida emergente para cuando en verdad hay una contingencia ambiental. Para reducir el índice de contaminación hay que atacar las causas comunes como la Calidad de los combustibles, el centralismo del país, el subsidio de servicios públicos, el índice de transporte colectivo contra autos privados, la creación de nuevas fuentes de trabajo, la vialidad, la verificación mecánica de los autos, las emisiones de las industrias y otras tantas que aunque menos espectaculares, en el largo plazo, son más efectivas.

Andar actuando como si todo estuviese provocado por causas especiales es perder la oportunidad de penetrar en las verdaderas causas de los problemas. Peor aun, se provoca un resultado adverso. Ejemplo: Cuando el gobierno interviene en la economía para incrementar el empleo, generalmente provoca inflación y a la larga, mayor desempleo.

Las causas del desempleo son muchas y no se resuelven con mayor gasto público.

El problema es que la prensa es amiga de lo espectacular y quiere acción inmediata del funcionario. Es decir, al igual que el funcionario tradicional, trata todos los problemas como una causa especial. Por tanto, presiona para que el gobierno aumente la variación del problema.

En Nuevo León, el grupo de seguridad, gracias al control estadístico, logró reducir las lesiones en más de un 50%.

LESIONES AREA METROPOLITANA MONTERREY

El comentario privado de algunos medios de comunicación fue que "los diarios vespertinos habían bajado sus ventas", es decir, que ya no había nota roja para vender.

La Calidad Total genera acciones de raíz que resuelven de fondo los problemas. Sin embargo, los resultados positivos no logran las ocho columnas.

En síntesis, el administrador público debe saber distinguir entre una causa común y una causa especial, un problema que se puede resolver de inmediato y uno que requiere penetrar en el proceso para poder resolverse. Para ello, debe apoyarse en la estadística y específicamente en una gráfica de control.

Pareto

El principio de Pareto dice que el 80% de los resultados se ocasionan por el 20% de las causas. Es decir que en un proceso hay pocos vitales y muchos triviales. Para causar un efecto en el resultado del proceso debemos atender las variables vitales que generan el 80% del resultado. Esto también es fácilmente observable con la ayuda de la estadística.

Los resultados de una actividad por lo general, tienen muchas causas o muchas variables. Sin embargo, no todas son relevantes. Unas cuantas, las vitales, son las importantes y para modificar el resultado debemos controlarlas. Es imposible y poco aconsejable intentar controlar todas las causas de un proceso, lo recomendable es concentrar la acción en los verdaderamente importante, en el Pareto del problema.

En 1989, con la estadística generada por el monitoreo, nos dimos cuenta que la contaminación por azufre en Monterrey era alarmante. Había muchas hipótesis sobre su posible causa, pero sospechamos que el Pareto estaba en la mala Calidad del diesel que se surtía a la ciudad. Al gestionar un combustible con menor contenido de azufre pudimos corroborar nuestra hipótesis pues la contaminación por azufre se redujo radicalmente (más de un 80%).

El principio de Pareto nos lleva a enfocarnos en lo vital. Si un administrador se distrae atendiendo lo trivial, nunca podrá provocar un resultado favorable. Por ello, es importante monitorear un proceso con estadística y encontrar las pocas variables que provocan la mayor parte de un resultado.

Cierto que hay administradores muy intuitivos pero una corazonada siempre es más efectiva si se soporta con estadística. Si la estadística no existe, entonces se debe preguntar al que está más cerca del problema. Generalmente, ellos conocen muy bien en donde está el Pareto del problema y por tanto de la solución.

Puede ser que haya varias hipótesis al respecto. Pero con la estadística se descubre el verdadero Pareto del proceso.

En Nuevo León, empezamos a utilizar el termino "desparetado" (una aberración lingüística) para indicar a un funcionario andaba perdido en lo trivial, en lo irrelevante, en lo que no cambia resultados. En el gobierno sobra "desparetados" que quizá consigan salir en la prensa las primeras ocasiones por su gran hiperactividad pero más pronto que tarde, son descubiertos por su ineficiencia y trivialidad.

Lo Importante son los Canales de Comunicación

La mayoría de los problemas se derivan de un problema de comunicación. Esto no es novedad , el problema es que las organizaciones tradicionales incrementan estos errores pues no logran integrar las acciones de los diferentes departamentos. Los lazos de comunicación son débiles o inexistentes. En pocas palabras, la organización no funciona como un sistema orgánico sino como conjunto de fragmentos o feudos que batallan en dar resultados.

El problema de comunicación se resuelve de dos maneras: aplanando la pirámide y estableciendo relaciones cliente - proveedor a lo largo de los procesos.

En el gobierno existen muchos niveles porque creemos que más es mejor y respondemos a las demandas de los clientes con más estructura. Como el estilo es centralizado, el control se busca a través de estructuras que se interponen entre el nivel operativo y el líder.

Es obvio que estos tramos largos provocan que la información se pierda en el camino. El jefe desconoce las demandas del cliente y de su nivel operativo. Así mismo, desconoce el proceso y las variables vitales. El nivel operativo no tiene manera de llegar hasta el jefe. La información se pierde por tanta resistencia a la comunicación.

Al aplanar la pirámide y reducir los niveles organizacionales la comunicación mejora. Pero para lograr una comunicación efectiva esto no basta.

Es indispensable cambiar el paradigma. El jefe debe eliminar el esquema de que los de arriba piensan y los de abajo obedecen y en cambio, fortalecer los niveles operativos. Cada quien es responsable de su labor. Cuando se le da poder de decisión a los niveles operativos el jefe descarga su tiempo de lo operativo y se dedica a lo estratégico, deja de estar empujando trámites y firmando papeles y se encarga, entre otras cosas, a fortalecer la comunicación con su equipo.

Sin embargo, esto no resuelve del todo el problema porque los diferentes departamentos no se encuentran bien comunicados. Es importante que el equipo de trabajo analice los diferentes procesos para que los departamentos definan su relación cliente-proveedor. Es decir, las relaciones que existen entre ellos en las actividades rutinarias.

¿Cómo quieres el servicio? ¿Qué esperas de mí? ¿Desde tu punto de vista, cómo puedo mejorar? Esta cadena empieza y termina con el cliente externo.

De esta manera, la organización empieza fortalecer su comunicación interna y a funcionar como un sistema con los objetivos bien claros.

Para soportar la descentralización y fortalecer los lazos de comunicación, es fundamental contar con sistemas de información que permitan el autocontrol de las partes.

Es -en síntesis- un nuevo tipo de organización. En lugar del control, el autocontrol, en lugar de la jerarquía, la delegación de poder, en lugar de la centralización, la descentralización, en lugar de departamentos aislados y coordinados por un jefe, relaciones cliente-proveedor, en lugar de objetivos parciales, un objetivo común, en lugar de la departamentalización, la organización como un sistema.

Toda esta nueva organización requiere lazos de comunicación muy fuertes entre sus partes que garanticen el flujo oportuno de información. Cuando así sucede, la organización se energiza con el conocimiento y crea la suficiente inercia para lograr una revolución administrativa .

Cambio Cultural

La administración de Calidad es un cambio cultural y por ello el proceso para lograrla no es inmediato.

Mucho batalla el jefe en entender que ya no debe andar firmando papeles, empujando trámites, regañando empleados o haciendo excepciones para los clientes influyentes.

Mucho batallan los niveles intermedios en entender que ya no se requiere el control centralizado de los procesos.

Algo batallan los niveles operativos en entender que ahora ellos deben resolver problemas y sugerir cambios.

Mucho batallan todos en entender que el nuevo jefe es el cliente y que la satisfacción del cliente es el objetivo primordial de la organización.

Mucho batallan todos en medir su actuación con indicadores.

Mucho batallan todos en trabajar como equipo y en entender que a veces una parte debe sacrificarse en aras del objetivo de otra parte que contribuye en mayor grado al objetivo superior de la organización.

Toda esta resistencia se vence a través de la participación intensiva de todos en el proceso de cambio y mediante un buen programa de capacitación en administración de Calidad que concientiza y brinda herramientas efectivas.

Con estas dos reglas se minimiza la resistencia y se maximiza el cambio cultural.

Pocos Recursos Muchos Resultados

La administración de Calidad no requiere de recursos adicionales, por el contrario, al optimizar los recursos existentes, generalmente libera recursos que antes se desperdiciaban con la ineficiencia.

La administración de Calidad se enfoca a los procesos, a la manera como trabajan los empleados para lograr resultados.

Lo costoso es la ineficiencia, no la Calidad. Lo costoso son las crisis recurrentes, no los sistemas preventivos. Lo costoso es andar perdido en emergencias en lugar de penetrar en las causas vitales de un proceso para remediarlas. Lo costoso es seguir administrando sin control.

Ejemplo: En la dirección de abastecimiento del gobierno de Nuevo León, en 1993, se invirtieron $300,000 dólares en el plan de Calidad y modernización. Esta inversión se pago en menos de cuatro meses por los ahorros logrados y el aumento en productividad.

Resumen

La reforma administrativa es un cambio de paradigma, una manera muy diferente de plantear y resolver problemas en el gobierno. El enfoque al cliente pone a los usuarios de los servicios en primer término. La comunicación se mejora con trabajo en equipo y cadenas cliente-proveedor. La estadística ayuda a diferenciar las causas comunes y las causas especiales. El enfoque se dirige a resolver los problemas de raíz. La reforma administrativa es un auténtico cambio cultural que debe soportarse con capacitación para evitar la resistencia al cambio.

Capítulo 5 :Duración, Costos y Riesgos

Proceso de Largo Plazo

Lograr un cambio cultural en toda la organización no es fácil, mucho menos inmediato y por ello, muchos gobiernos evaden la tarea de la reforma administrativa. El político está acostumbrado a planear y actuar para el corto plazo, para el encabezado de ocho columnas, para el deslumbramiento de forma más no de fondo.

Las administraciones municipales tienen una duración muy corta que impide consolidar los cambios.

Todos, sin excepción, cuando mucho, buscan la automatización de los procesos con el uso de computadoras y sistemas informáticos. Esta es una aspirina para el problema pues olvidan que antes de automatizar los procesos es necesario rediseñarlos para lograr su simplificación.

Y sin embargo, la reforma administrativa es de vital importancia si pretendemos tener un gobierno que satisfaga realmente al ciudadano y que contribuya a la productividad de la sociedad.

Un largo viaje, dice un proverbio chino, se inicia con el primer paso. Cualquier gobierno, no importa que se encuentre en el ultimo año de gestión, puede sentar las bases de la reforma administrativa. Esta acción quizá logre impactar a los empleados y facilitará el camino a la próxima administración.

Si cada departamento ha entendido a su cliente y como servirlo, si se ha definido la misión de la organización y sus partes, si hay una visión positiva, si se han definido los problemas y detectado las áreas de oportunidad, si se han radiografiado los procesos y se ha iniciado su rediseño, si se ha elaborado un plan de mejora, si la organización ha empezado a trabajar en equipo y de una manera participativa en lugar de las viejas formas jerárquicas, si se han empezado a utilizar indicadores para controlar las variables más importantes, si los empleados han captado el mensaje de que es más importante su creatividad que su obediencia, el cambio ha iniciado y es difícil detenerlo. Todo ello puede lograrse en un año o menos, dependiendo del tamaño de la organización y la Calidad del líder.

Sin embargo, es justo reconocer que una transformación efectiva para una organización de varios miles de empleados es más lenta. Esto no quiere decir que no se logren resultados inmediatos, sino que es difícil lograrlos en todas las actividades de la organización.

Generalmente, se logran cambios visibles en unas áreas y estas se convierten el virus positivo que va contaminando al resto de la organización.

¿Qué tan rápido puede ser el cambio en toda la organización?

Depende de la habilidad de los líderes, el tamaño de la organización y su grado de conciencia.

Masa Crítica

El objetivo es lograr que cuando menos el 50% de la organización logre la administración de Calidad. Cuando así sucede, el resto de la organización seguirá la nueva inercia que se ha creado a pesar de un cambio de administración.

Existe toda una metodología para seleccionar los proyectos piloto o las áreas donde se pondrá énfasis. Pueden ser áreas vitales de alto impacto para los clientes o pueden ser

118

áreas en donde sea fácil lograr el cambio por que hay un buen líder. Es obvio que lo óptimo es una combinación de ambas.

En la práctica, no debemos olvidar que donde existe un buen líder es más fácil llevar a cabo el cambio. Por tanto, no se debe perder tiempo en querer cambiar una área donde existe un mal liderazgo, es preferible, en estos casos, cambiar de blanco o cambiar al líder.

En el gobierno, sin embargo, no debemos olvidar que las áreas de tesorería y administración (Oficialía Mayor, Secretaría o Dirección de Administración) son indispensables en la transformación. Estas áreas representan el sistema sanguíneo del gobierno y sin su cooperación es difícil alcanzar una cultura de Calidad en el resto del gobierno.

El presupuesto (planear-programar-presupuestar) y la toma de decisiones durante el ejercicio del presupuesto deben destinarse a reforzar la administración de Calidad. Ninguna organización puede soportar un esfuerzo de esta naturaleza sin el apoyo de las áreas responsables de elaborar el presupuesto (Oficialía Mayor, Tesorería, etc.).

Si en estas áreas hay líderes tradicionales que no están dispuestos a descentralizar decisiones, difícilmente puede lograrse una cultura de Calidad en el resto de la organización. Es urgente la revisión de estos procesos básicos y eficientarlos a través de la reingeniería para poder dar el salto hacia adelante.

El dinero es una palanca poderosísima que puede actuar a favor o en contra de la reforma administrativa. Por ello, los procesos de planeación, presupuestación, administración presupuestal y de proyectos deben ser revisados a conciencia por el plan de Calidad.

En Nuevo León, creamos el Sistema de Administración Gubernamental - SAG, que comprende la administración eficiente e integral de estos procesos.

Costo de la Ineficiencia

Creemos que la Calidad cuesta mucho dinero y mucho tiempo pero en verdad los que nos cuesta es la ineficiencia. Cuando una organización empieza a trabajar con Calidad inmediatamente se liberan muchos recursos que antes se desperdiciaban en los trámites complejos y las estructuras pesadas.

Cierto que el anhelo de ser mejor y servir al cliente generalmente crea necesidades de modernización como el pagar sueldos competitivos, tener instalaciones de clase mundial o contar con equipo más moderno. En contrapartida, debemos observar lo que cuesta la rotación de empleados el descontento del cliente, el retrabajo, las mermas, la complejidad y el tiempo de los procesos.

Además, la liberación de recursos ahora puede destinarse a la modernización de la organización. Y si esto no fuera suficiente, es tan fuerte la energía creativa que se genera con la Calidad y los empleados están tan entusiasmados en lograr sus nuevos objetivos, que aun ante una restricción de recursos, ellos encuentran la manera de resolver el problema.

En las agencias de ministerio público especializadas en delitos sexuales, del gobierno de Nuevo León, las agentes, dos abogadas conscientes de lo importante de un ambiente agradable para el cliente y desesperadas por la tardanza en los recursos de remodelación, decidieron invertir en la decoración de las oficinas sus primeros sueldos. No es una situación deseable ni justa, pero sí es indicativa de la conciencia que la administración de Calidad genera entre el personal.

Falso Aprendizaje

Cuando un gobierno utiliza la retórica de Calidad (cliente, mejora continua, reingeniería de procesos, reinventando al gobierno, control estadístico, etc.) pero no pone en práctica el la administración de Calidad, generalmente estamos en la etapa del falso aprendizaje.

Esta organización ha captado la forma pero no la esencia, hay una gran contradicción entre sus signos verbales y sus signos de conducta. Se crea confusión y demora pues aunque las cosas parecen diferentes, son exactamente iguales e incluso peores pues ahora los problemas se encuentran más ocultos que antes.

La etapa del falso aprendizaje es común en la mayoría de los procesos de transformación pues primero se captan las ideas, luego se pone el corazón y más tarde de llega a la acción. Pero es muy peligroso si la organización en verdad cree que ha cambiado cuando en realidad no ha hecho más que anunciar planes o proyectos.

Por ello, en las etapas iniciales es recomendable un consultor externo que facilite el proceso y prevenga sobre éxitos inexistentes. Los conceptos son fáciles pero la práctica no es tan fácil pues intervienen los juegos de poder de los miembros de la organización y la ilusión de corregir síntomas en lugar de atacar la raíz del problema.

Falso Liderazgo

El falso liderazgo es lo mismo que el falso aprendizaje pero con énfasis en la conducta del líder. Los políticos (públicos y privados) son muy hábiles en detectar las nuevas tendencias y en utilizarlas a su favor.

El líder utiliza la retórica de Calidad pero no la refleja en su conducta y como todo su equipo está muy pendiente a la conducta, rápidamente detecta que la reforma administrativa es sólo una intención política sin afán práctico. Cuando lo hace con toda intención, a sabiendas que está engañando al cliente interno y externo, hablamos de una falso líder.

Resultados Inmediatos

Cierto que lograr una reforma administrativa de este calibre no es nada fácil ni se logra en unos cuantos meses. Para que una organización logre una masa crítica que soporte cambios de sexenio o de trienio, debe realizarse un esfuerzo continuo durante varios años.

Sin embargo, esto no impide que muchos cambios de gran beneficio se den de manera casi instantánea pues hay innumerables áreas de oportunidad que rápidamente pueden ser aprovechadas.

Resumen

Un proceso de esta magnitud puede demorar más de cinco años para que sea visible en toda la organización. Es como un virus que va contaminando positivamente al resto de los empleados. Cuando se logra la masa crítica se ha asegurado la inercia suficiente en el proceso. Es responsabilidad de los líderes iniciar el cambio cuanto antes aunque su mandato no logre cosechar los éxitos de la reforma. Así mismo, deben estar atentos a la etapa del falso aprendizaje y a su propia conducta para no caer en el falso aprendizaje.

Capítulo 6: El Caso Nuevo León

¿Por qué Nuevo León?

En Nuevo León, casi el 85% de población es urbana. Desde hace muchos años ha vivido pacíficamente en democracia y con alta competencia política. Tiene un alto grado de alfabetismo y educación. Tiene una prensa crítica e independiente.

Por su cercanía a la frontera con los Estados Unidos, siempre ha sido un mercado de compradores, una plaza muy difícil de conquistar para cualquier comerciante. Los clientes son exigentes, analíticos y muy conscientes de la Calidad y el precio.

Tiene una gran tradición industrial. Sus empresas entraron en contacto con la administración de Calidad Total japonesa en la época de los setenta, mucho antes de que Deming publicara su famoso libro "Fuera de la Crisis" en donde alertaba a los Estados Unidos sobre su atraso administrativo.

Hylsa abrió el camino para otras industrias y preparó a muchos consultores de Calidad que han ayudado al resto de la comunidad empresarial y al gobierno.

Su gente es trabajadora y austera. Se preocupa más por el fondo que por la forma, más por la esencia que por la elegancia y es poco amiga de las jerarquías y la retórica.

Esta sociedad demanda servicios de primera de sus autoridades y respeto a sus derechos fundamentales. Es pieza clave en la transformación de la administración pública.

Cuando se pensó en un proceso de modernización, lo natural fue agregarle el adjetivo "con Calidad", es decir, con los valores, conceptos y herramientas de la Calidad Total.

Sin embargo, contactos con otros gobiernos de otros estados y municipios de todo México he encontrado el mismo entusiasmo y receptividad por la administración de Calidad. Igualmente, he observado como algunos adquieren tecnología y logran iguales o mejores resultados en muy corto plazo.

El ingrediente principal de la receta es querer cambiar. Cualquier gobierno en donde exista esta disposición - seria y comprometida - tiene materia prima para realizar la reforma.

En este proceso más vale aprender de los demás y mejorar desde esa plataforma que "andar inventando el hilo negro".

Planeación Estratégica

En 1991, el gobernador Sócrates Rizzo García presentó a la comunidad un documento llamado El Pacto Nuevo León como una visión de largo plazo con 7 estrategias fundamentales:

- Internacionalización de Nuevo León.
- Descentralización y Desarrollo Regional.
- Crecer con Orden.
- Mejorar la Calidad De Vida.
- Seguridad y Justicia.
- Modernización de las Finanzas y la Administración Pública.
- Democracia y Solidaridad.

Cada tesis del Pacto Nuevo León fue desglosada en proyectos concretos, con responsables, estrategias y metas especificas en un ejercicio de planeación realizado por cada una de las dependencias de gobierno con herramientas de Calidad.

La validación de proyectos se realizó hacia arriba (gobernador) y hacia abajo (subsecretarios, directores y jefes de departamento). El ejercicio, en síntesis, fue a fondo y sumamente participativo con el fin de eliminar la clásica planeación sobre las rodillas y reducir las decisiones presupuestales centralizadas, tan típicas en los gobiernos tradicionales.

Una vez conformado el catálogo de proyectos se procedió a seleccionarlos de acuerdo a la maximización del beneficio social y a las restricciones presupuestales. Para ello, se diseño una herramienta de valuación de acuerdo a 6 variables importantes como el grado de urgencia del proyecto, el número de beneficiarios y a su impacto en las siete tesis del pacto.

De esa manera, todos los proyectos compitieron entre sí por la obtención de recursos. El primer año surgieron 110 proyectos, el segundo año 330, el tercer año 440. Se seleccionaron los de mayor impacto social de acuerdo al modelo de maximización de utilidad social y a las restricciones financieras del presupuesto estatal. La selección fue sobre la base de criterios objetivos y de manera participativa.

Dirección de Modernización y Calidad

El primer año se hizo una profunda reforma organizacional para acortar los tramos de control. Se eliminaron 3 niveles, de 11 a 8 (en algunos casos 7) para mejorar la comunicación y dar mayor importancia a los niveles operativos.

En la nueva estructura se insertó la Dirección de Modernización con Calidad, específicamente encargada de promover y facilitar el proceso de Calidad. Esta dependencia quedó dentro de la Coordinación de administración (Oficialía Mayor), para asegurar el respaldo de recursos materiales y humanos necesarios para el cambio.

La Coordinación de Administración, además de atender sus servicios tradicionales - compras, recursos humanos y control patrimonial - se encargó de capacitar a todo el personal de gobierno y de formar comités y equipos de Calidad en todas las dependencias.

Los Nuevos Valores

La administración de Calidad Total comprende el uso de herramientas como la estadística, pero es mucho más profunda que eso pues implica un cambio cultural: Para dar servicios de Calidad, es necesario tener procesos de Calidad y para tener procesos de Calidad, es necesario contar con personas de Calidad.

Parte de la cultura por tanto, es la creación de nuevos valores en la organización. Con ello en mente, se creó la "ética de gobierno", documento donde se establecen 14 valores fundamentales que deben regir la conducta de todo servidor público. En forma resumida, estos son los valores:

1. Orientar resultados al Pacto Nuevo León.
2. Amplia apertura a las opiniones del ciudadano.
3. Promover la participación de la comunidad en las acciones   y proyectos de gobierno.
4. Información permanente a los ciudadanos.
5. Enfoque primordial hacia la comunidad.
6. Proyectos apegados a derecho.
7. Administración transparente de los recursos.
8. Actitud de respeto entre funcionarios y hacia el ciudadano.

9. Lealtad institucional.
10. Trabajo en equipo.
11. Diálogo directo con la comunidad.
12. Planear y modernizar (no improvisar).
13. Compararse contra los líderes de servicio.
14. Promoción del desarrollo personal.

Proyectos Piloto de Calidad

Una vez creada la infraestructura del cambio, se dio inicio a proyectos piloto en Calidad en las áreas vitales de la administración ya fuera por su alto impacto en los objetivos de gobierno y/o por la cantidad de clientes de sus servicios:

- Trámites de desarrollo urbano
- Agencias de ministerio público
- Dirección de abastecimiento
- Centros de readaptación social
- Registro Civil
- Registro Público de la Propiedad
- Junta de conciliación y arbitraje
- Educación
- Seguridad pública y policía judicial.

Modelo de Administración con Calidad - MAC

Los proyectos piloto demostraron la viabilidad de la Administración de Calidad Total, iniciaron un proceso irreversible de cambios y generaron confianza en el proceso. Con esta experiencia, se desarrolló un modelo para el cambio, aplicable a cualquier dependencia de gobierno y a cualquier gobierno.

El modelo además, es producto del esfuerzo de un grupo de asesores y funcionarios y se sustenta en la teoría de los exponentes máximos de la Calidad Total y descarta teorías de autores secundarios o mercadotecnistas superficiales .

Este modelo que es conocido como "MAC", modelo de modernización administrativa con Calidad y comprende tres partes básicas:

1. Planeación estratégica
2. Rediseño de servicios (Reingeniería de Procesos)
3. Administración de proyectos.

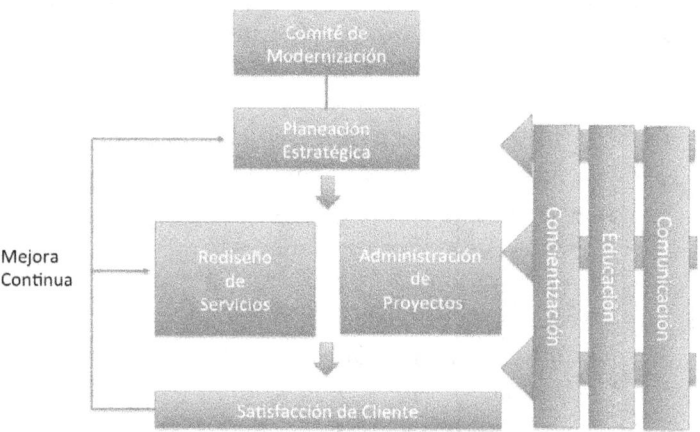

En la primer parte, el MAC 1, el comité de Calidad se enfoca al cliente y a la utilidad de sus servicios, define su misión, visión, hace una matriz cliente-servicio y un análisis de fuerzas, debilidades, amenazas y oportunidades. Su etapa final es la elaboración de un plan general de cambio con objetivos, metas, estrategias, acciones e indicadores. El equipo reconoce la necesidad del cambio y se compromete con el cliente. Antes de iniciar la reingeniería, el comité se dedica a repensar o reinventar su actividad pues suele suceder que muchos procesos no requieren rediseño o reingeniería sino total eliminación.

En la segunda fase, el MAC 2, el equipo controla y mejora sus procesos y servicios existentes con diagramas de flujo e indicadores. En esta fase, todos los pasos del proceso que no agregan valor son eliminados a consenso del propio comité. El resultado es la reingeniería de procesos con los siguientes beneficios: Procesos sencillos, delegación de autoridad, rediseño organizacional, control absoluto del proceso, sistema de información, indicadores para el control, enfoque al cliente, trabajo en equipo.

Un ejemplo de pasos que no agregan valor son el exceso de firmas de los superiores en el afán de "controlar" los resultados. Sin embargo, la delegación de autoridad, la sistematización de los procesos y la estadística permiten un verdadero control sin burocratismo.

En paralelo el equipo define las áreas que requieren de inversión en equipo y tecnología para dar un gran cambio en el MAC 3. En esta fase el equipo aprende a administrar proyectos a través de las tres variables de control: Recursos, metas y tiempo.

El MAC depende de tres factores fundamentales: **Liderazgo, enfoque al cliente, trabajo en equipo y capacitación**. Sin un compromiso del titular de cada dependencia es imposible lograr un cambio. El trabajo en equipo se logra a través del comité de Calidad que comprende al titular y a sus colaboradores más cercanos.

Al final, el modelo comprende la medición de la satisfacción del cliente para verificar los resultados del plan. Se cierra el círculo regresando a la etapa de planeación en lo que se conoce como mejora continua.

Comités de Calidad

Además de un comité rector encabezado por el gobernador y el gabinete, cada secretario fue responsable de formar su propio comité con su equipo natural de trabajo y así sucesivamente hasta alcanzar los niveles operativos. La metodología es de despliegue hacia la línea. Todos los comités se alinean a la misión, visión del gobierno.

Tema	1994	1995	%
Comités formados	86	104	21
Comités en operación	62	92	48
Programas de Calidad	51	68	33
Proyectos en proceso	290	210	-28
Proyectos terminados	71	151	113
Proyectos totales	361	430	19
Personas participando	578	2,532	338
Asistentes a capacitación	13,000	23, 451	80

Centro de Capacitación en Calidad- CECAL

El Centro de Capacitación en Calidad es de los más modernos de Nuevo León. Tiene 8 salas completamente equipadas y un auditorio con capacidad en donde se capacita a más de 1000 servidores públicos por mes. En instalación y desempeño compite contra el mejor centro de capacitación privado.

Los cursos que se imparten son cuidadosamente diseñados para asegurar un aprendizaje teórico-práctico y son obligatorios para todos los servidores públicos de gobierno. Los instructores utilizan el lenguaje del sector público; los ejemplos son de gobierno. Esto reduce la resistencia al cambio.

Los cursos que se imparten son:

- Conceptos Básicos de Calidad
- Calidad en el Servicio
- Técnicas de Servicio
- Pensamiento Estadístico
- Modelo " MAC "
- Administración de Proyectos
- Manejo de Juntas
- Solución de Problemas En Equipo
- Liderazgo en Calidad
- Técnicas de Servicio Secretarial
- Rediseño de Servicios.

Los cursos son muy prácticos y de corta duración - 1 a 2 días. Se realizan en forma de taller para que los servidores aprendan a aplicar los conceptos y obtengan productos concretos de aplicación inmediata. Se realizan durante los días y horas de trabajo para subrayar que la capacitación es parte importante del trabajo.

Tema	1994	1995	%
Cursos impartidos	1,056	1,538	49
Horas capacitación	7,400	11,800	59
Asistentes	13,000	23,451	80
Satisfacción	95%	97%	

Es la primera ocasión que un gobierno dedica casi el 3% de horas laborables al año (80 horas) a la capacitación de empleados y funcionarios. Como referencia algunas empresas norteamericanas, ganadoras de premio Malcom Baldrige dedican sólo la mitad de este tiempo a la capacitación en administración de Calidad.

Calidad en las Áreas Administrativas- La Reforma 93-95

En 1992, el área administrativa central de gobierno-conocida entonces como Coordinación de Administración - se rediseñó como área staff con clientela interna y para el control y servicio exclusivo del gasto corriente. En enero de 1993 la entonces Coordinación de Administración contaba con 8 Direcciones y 835 empleados:

Recursos Humanos
Adquisiciones
Servicios Generales
Patrimonio
Modernización

Informática
Administración y Control Presupuestal
Jurídico

Su estructura y servicios la homologaban a lo que en otros estados y municipios se conoce como Oficialía Mayor o Secretaría de Administración. Sin embargo, en sus funciones y servicios se adicionaban dos áreas estratégicas: Informática y Modernización. Estas dos oficinas, encargadas de facilitar el proceso de modernización en todo el gobierno.

El Cambio se Inicia en Casa

Para poder lograr transformar la cultura en el resto del gobierno primero había que llevar a la propia Coordinación de Administración hacia la Calidad. En enero de 1993, se inició un cambio radical para eficientar los servicios de abastecimiento, recursos humanos y control patrimonial. Se integró un comité directivo para la planeación estratégica: Enfoque al cliente, trabajo en equipo y selección de procesos clave para su rediseño. Hecho el diagnóstico y el plan, cada dirección integró su propio comité de Calidad para lograr la participación de todo el personal.

Los proyectos más importantes del plan de modernización eran:

- Descentralización de servicios hacia el resto de las secretarías para fortalecer la capacidad administrativa de las áreas operativas y reducir la importancia de la Coordinación.
- Optimización de recursos.
- Creación de un auténtico sistema de sueldos y salarios para todo el gobierno para lograr la equidad interna y la competitividad externa.
- Creación de un sistema de administración presupuestal con

el fin de crear auténticos centros de responsabilidad en el gobierno y evitar el ineficiente "control correctivo" (al final del proceso) de gasto corriente.
· Reingeniería en el servicio de abastecimiento.

La Coordinación de Administración no podía seguir centralizando decisiones y actuando burocráticamente. Era una decisión importante que seguramente podía derivar en la desaparición de la Coordinación como tal. Pero el equipo directivo entendió que la misión era la excelencia, no la permanencia.

Los factores de éxito se definieron como:

· Cambio participativo para crear sentido de pertenencia en lugar del típico cambio autocrático.
· Facultación de autoridad a niveles operativos.
· Trabajo en equipo con el resto de gobierno.
· Los clientes definen la Calidad de los servicios.
· Reingeniería de procesos.
· Medición y estadística vital en todos los procesos.
· Capacitación en Calidad a todo el personal.
· Auténtico afán de servicio.

Creación de Centros de Responsabilidad

Era indispensable, crear centros de responsabilidad en el tercer nivel organizacional. Ese era el líder natural del proyecto y por tanto, el responsable de la administración. Mediante una labor de consenso con la Secretaría de Finanzas se logró el convencimiento y el presupuesto de 1994 representó el primer gran paso hacia el acercamiento de las decisiones al origen de los problemas: Desglose por partidas del gasto corriente hasta nivel dirección y calendarización de gastos por mes.

Con esta medida, los directores se convertían en "dueños" del presupuesto, podían ejercerlo de acuerdo a un plan e incluso buscar ahorros y transferencias entre partidas. Por ejemplo, reducir gastos en gasolina e invertir en equipo de cómputo o vender autos obsoletos y pagar la inversión con ahorros en mantenimiento.

Sin embargo, rápidamente se evidenció la necesidad de crear un sistema que informara en <u>tiempo real</u> a los directores de su estado de cuenta. El sistema existente era sumamente ineficiente pues la información fluía lentamente (cada mes) y de manera incompleta. El paradigma a romper era que " a mayor información, mayor propensión al gasto"; el nuevo paradigma era diametralmente opuesto: "Hazlos dueños y dales información para que ellos mismo se autocontrolen". Para lograrlo, se rediseñó el proceso de control presupuestal.

Creación del Sistema de Administración Gubernamental: SAG

El SAG fue diseñado por personal de la Coordinación de Administración (Oficialía Mayor) con el consenso de los clientes y proveedores del proceso.

Su concepción es muy sencilla: Una base de datos que registra todos los movimientos de gasto corriente en cada una de las partidas para restarlo del presupuesto mensual autorizado. La información es en tiempo real y de acuerdo a compromisos de gasto. Cada vez que alguien afecta una cuenta, se registra por el sistema de información central.

Para lograrlo las diferentes bases de datos de la Coordinación debían comunicarse entre sí a través de un base de datos maestra. Esa información estaría al alcance de los administradores de cada secretaría y la cuenta global, a disposición de la propia Coordinación de Administración, de la Secretaría de Finanzas y de la Contraloría.

En un principio la transferencia de información se realizó mediante disquete. Más tarde, se instaló una red de fibra óptica en la mayoría de las dependencias para hacerlo en línea.

Este sistema se ha comercializado como tecnología de punta a gobiernos estatales y municipales.

Con el SAG, en 1994, se logró reducir un 32% el gasto corriente y un 10% adicional en 1995 y se sentaron las bases estadísticas para la elaboración de un presupuesto en forma, de acuerdo a gasto real.

Dado que la información es esencial para tomar decisiones, se logró, poseer certidumbre en cuanto a la información presupuestal en tiempo real, es decir, información antes y no después de la realización del gasto. Se cambió la fiscalización correctiva por el control preventivo.

Quizá no todas las áreas respetaron su techo presupuestal el primer año, pero el sistema permitió distinguir entre la ineficiencia en el ejercicio y la ineficiencia en la presupuestación, muy típica de sistemas que no incluyen estadística a detalle. Por primera vez en la historia de la administración estatal había información para administrar con exactitud el gasto corriente, para detectar con toda precisión las áreas de oportunidad y para hacer un buen presupuesto.

Reasignación del Gasto

Uno de los efectos más importantes de la planeación estratégica y del SAG fue el de la reasignación de gasto a áreas vitales: Del centro a la periferia, de la cabeza a los brazos y de lo trivial a lo estratégico.

El resultado más relevante fue revalorar las áreas esenciales del Gobierno. Ello se reflejó en un crecimiento del 85% de presupuesto en el programa Impartición de Justicia y un 32% en el programa de Seguridad Pública Procuración de Justicia.

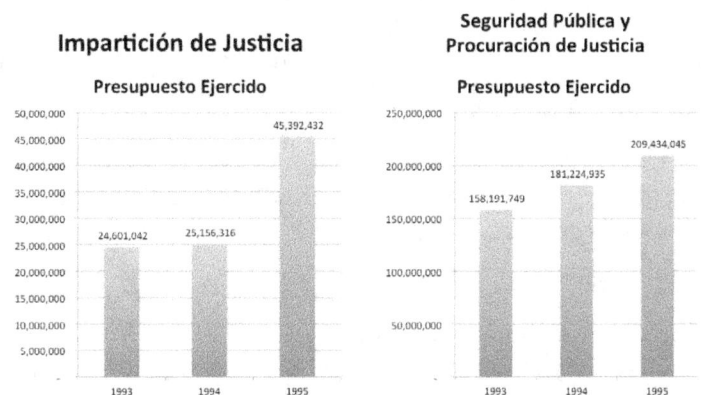

Con la descentralización de servicios hacia el resto del gobierno, la Oficialía Mayor se redujo el número de empleados de 983 a 601, casi un 40% de reducción.

Sistema de Sueldos y Salarios

Como parte de la infraestructura básica para lograr un cambio hacia la administración de Calidad, se creó un sistema de sueldos y salarios conforme a la nueva estructura simplificada y a los valores de sencillez y equidad, pues había más de 150 categorías y más de 1000 subcategorías con sus consecuentes niveles de pago. Además de un notorio rezago con respecto a la curva de sueldos del mercado; mucha gente, mal remunerada y pagada en forma desigual.

Después de un exhaustivo proceso de valuación y alineación de puestos, se creó un tabulador con 8 categorías (3 para funcionarios y 5 para empleados) y una banda de 3 niveles (máximo, medio y mínimo) en cada categoría para permitir la mejora de sueldo sin necesidad de la promoción de cargo.

El objetivo fue contar con estructuras sencillas, sueldos decorosos y personal eficiente y motivado. Con el nuevo sistema, sin rebasar el presupuesto global, se corrigieron las situaciones de subpago, sobretodo en los niveles operativos.

Esto creó confianza del personal en el proceso de Calidad, especialmente en los sindicalizados quienes recibieron los mayores beneficios.

En 1992, desde la Dirección de Modernización y con la ayuda de especialistas en la materia, se elaboró un estudio de valuación y alineación de puestos y se creó un tabulador de sueldos para todo el gobierno. Por primera vez se conocía la historia completa: Quien está bien y mal pagado y por cuánto; qué merece cada quien, de acuerdo a su puesto, carga de trabajo, complejidad de las decisiones, impacto de su actuación, manejo de recursos y responsabilidad.

El tabulador, definió un rango para otorgar flexibilidad sin necesidad de crear puestos o promociones ficticias. Esto aun no corregía la inequidad pero si permitía tener un sistema para redistribuir el incremento de sueldos de acuerdo al tabulador sin afectar la bolsa total destinada al incremento de sueldos: Más incremento para los que están en situación de bajo pago, menos incremento para los que están en situación de sobrepago e incremento promedio para los que están en el nivel medio del tabulador. Así mismo, eliminaba de raíz el problema de la discrecionalidad.

En 1993, se hizo el primer ajuste "científico". Para 1995, se logró reducir en más de un 50% a los de bajo pago. En un futuro, cuando todos estén dentro del tabulador, se podrá incluso llegar a esquemas que fomenten la productividad.

No es sorprendente entonces, que la rotación de personal se redujo radicalmente: de 35% a 24%.

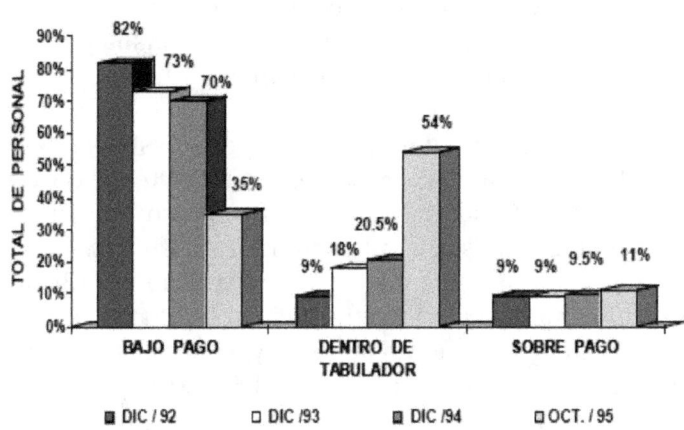

Esta mejoría, sin embargo, conlleva responsabilidades. Más horas de trabajo, eliminación el esquema de "tiempo extra" y de vacaciones prolongadas en Semana Santa y fin de año. Más importante aun, la responsabilidad de capacitarse y trabajar con enfoque de Calidad.

Es importante hacer notar que aunque el número total de empleados de gobierno central sigue siendo 11,500, los niveles administrativos se han reducido en un 24%, mientras los cuerpos policíacos han crecido en un 35%, es decir, menos cabeza y más brazos. Así mismo, se frenó la tendencia al crecimiento de la burocracia.

Con esta reforma, la Dirección de Recursos Humanos dejó de ser un área de conflicto de y se convirtió en estratégica para el programa de Calidad Total.

Los Recursos Materiales

La compra y contratación de bienes y servicios para la mayoría del gobierno se realizaba por dos direcciones la de Adquisiciones y la de Contratos y Servicios. En ambas, prácticamente no existía control de los procesos ni estadística. El servicio era reactivo, se trabajaba por crisis y con procesos complejos y poco visibles.

La modernización del proceso de abastecimiento se convirtió en estratégico. Se invirtieron $300 mil USD en el consultoría de Calidad y sistema informático. Esta inversión se pagó en 3.7 meses con los ahorros obtenidos. El primer año, logró un incremento en productividad de 130% . El siguiente año, gracias a la eficiencia obtenida, se fusionaron las direcciones de adquisiciones y contratos y servicios. Esta fusión logró una reducción del 60% del personal y un incremento de 182% en productividad. Así mismo, algunos procesos se rediseñaron y redujeron sus ciclos de 45 días a 15 minutos.

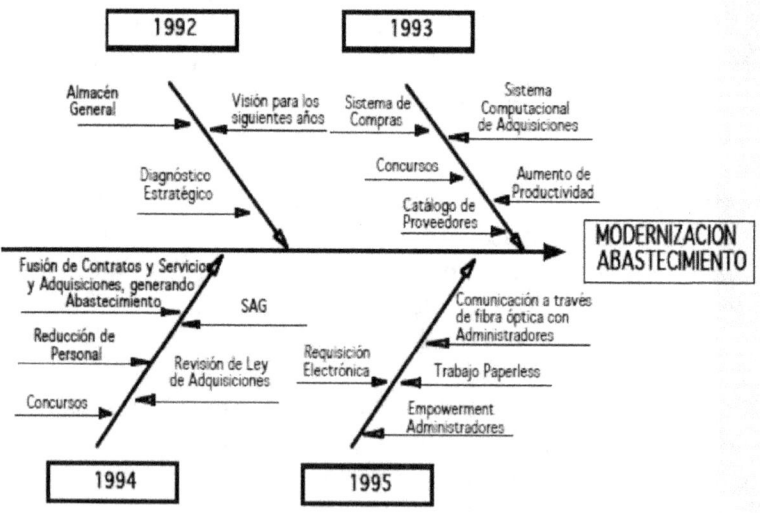

Abastecimiento: Signos Visibles

- Concursos
  - 58 concursos sin queja alguna
- Almacén General
  - Tiempo de respuesta de 45 días a 15 minutos
  - 65% de los artículos a consignación
- Adquisiciones
  - 130% de aumento en productividad
  - Transparencia en negociación con proveedores
  - Payback (USD$300 mil UDS) en 3.7 meses
  - Ahorros relevantes USD$600,000
  - Reducción en órdenes de pago de 48 a 2 días
- Resultados
  - Fusión de Adquisiciones y Contratos y Servicios
  - Aumento de 182% en productividad
  - Ahorros logrados por negociadores USD$1,800,000
  - Reducción de personal 60%

Mejora en los Servicios en todo el Gobierno

Muchos de los servicios del Gobierno de Nuevo León han sido mejorados, estos son algunos ejemplos:

• Simplificación de proceso y reducción de tiempos en los trámites de desarrollo urbano. Descentralización del 80% de sus servicios hacia las administraciones municipales.

• Reingeniería y automatización al 100% del proceso de las agencias de ministerio público con reducción de 75% tiempo en captura de denuncias.

• Modernización de defensorías de oficio con reducción substancial en el tiempo de respuesta (de 5 días a 15 minutos)

• Modernización en procesos administrativos básicos como abastecimiento, recursos humanos, y patrimonio

• SAG - sistema de administración integral de planeación, presupuestación, administración presupuestal y administración de proyectos. Reducción y optimización del gasto administrativo.

- Más de 150 indicadores para el autocontrol de las dependencias y para la difusión a la comunidad.
- Creación de módulos de atención a usuarios en todas las áreas de contacto con el público para informar y agilizar los servicios.
- Descentralización de servicios para resolver el problema en el lugar de origen.
- Modernización de el Registro Público de la Propiedad y del Comercio con simplificación de trámites, consulta por fax y módem. Base de datos maestra y digitalización de archivo.
- Modernización del catastro con Aero cartografía actualizada y digitalización de planos.
- Entrega a domicilio de placas y licencias.
- Clases de cómputo e ingles en las escuelas públicas.
- Más de 1000 escuelas trabajando en modelo de Calidad.
- Servicio de actas de registro civil por vía telefónica y envío a domicilio. Eliminación de actas en inscripción de alumnos.
- Fusión de Sisteleón y Agua y Drenaje. Creación del CIS - Centro de Información y Servicio al cliente.

En la Tercera Reunión Anual de Calidad participaron 68 equipos por el reconocimiento a la Calidad. Cada uno con signos visibles de mejora en el servicio. El comité valuador fue integrado por expertos del sector privado y mediante criterios objetivos como mejora en el servicio, reducción de tiempos y trámites, ahorros, etc.

Creación de el CECAL

En 1995, la Oficialía Mayor se fusionó con la Secretaría de Finanzas.

La Dirección de Modernización y la de Informática, sin embargo, se integraron en una entidad desconcentrada: El Centro de Calidad y Desarrollo Administrativo de Nuevo

Estrategias para un Gobierno Competitivo

León - CECAL, para seguir dando servicio de consultoría y capacitación a todo el Gobierno de Nuevo León.

El CECAL además, da servicio a otras organizaciones públicas y privadas. Algunos de sus clientes externos son:

- Secretaría de la Contraloría y Desarrollo Administrativo
- Gobierno de Oaxaca
- Gobierno de Aguascalientes
- Gobierno de Coahuila
- Gobierno de Tamaulipas
- Ayuntamiento de San Pedro Garza García, N.L.
- Ayuntamiento de San Nicolás, N.L.
- CONALEP
- Tribunal Superior de Justicia de Nuevo León
- Tribunal Superior de Justicia de Quintana Roo

Sus servicios son la capacitación y la consultoría en:

- Planeación Estratégica
- Reingeniería
- Planeación anual
- Administración de Proyectos
- Sistemas de Control Presupuestal
- Procesos y Sistemas Administrativos (Recursos Humanos, Abastecimiento, etc.)
- Administración de Calidad Total (Enfoque al cliente, trabajo en equipo, control estadístico, etc.)
- Sistemas de Comunicación y Servicio al Cliente
- Sistemas de Medición e Información
- Benchmarking
- Centros de Capacitación
- Logística de Eventos, Foros y Reuniones

A través de sus clientes externos, el CECAL pretende la autosuficiencia financiera para garantizar el esfuerzo de Calidad en las próximas administraciones estatales.

Creación del Consejo de Calidad

Así mismo, se integró el Consejo de Calidad de Nuevo León con la participación del gobierno estatal, 5 ayuntamientos metropolitanos, 2 ayuntamientos no metropolitanos, el Centro Patronal de Nuevo León, el Centro de Productividad de Monterrey, el Consejo Metropolitano de Calidad, la SECODAM, el ITESM, la UDEM, el Consejo de las Instituciones y representantes de la Sociedad, para crear sinergia entre los diversos actores y organismos que de diversas maneras se dedican a fomentar la Calidad Total en la comunidad.

El objetivo es llevar el tema de la Calidad a la comunidad para que ésta aprenda a resolver problemas en esquemas de cooperación, no de enfrentamiento y a través de los valores, conceptos y herramientas de la Calidad Total para elevar el nivel de vida de los nuevoleoneses.

Resumen

Con esta reforma administrativa, Nuevo León ha sido uno de los pioneros en aplicar Calidad Total al sector público. Nuevo León no está solo en esta tarea pues cada día hay más gobiernos estatales, municipales, paraestatales y dependencias federales que siguen la misma estrategia.

No quiere decir que su gobierno sea modelo pues falta mucho por lograr en el cambio de cultura y la satisfacción de sus clientes. Pero las historias de éxito que ha generado son ejemplo positivo que ayuda a demostrar que el gobierno de Calidad es posible en México.

SEGUNDA PARTE : COMO LOGRAR EL CAMBIO

Capítulo 7: La Planeación

Los Gobiernos no saben Planear

Los gobiernos no saben planear. La mayoría actúa en desbandada: cada dependencia hace lo suyo de acuerdo a sus funciones y organigramas. Nunca se preguntan cuáles son las demandas de la sociedad o de los clientes, nunca se preguntan que están haciendo las demás dependencias, no tienen un objetivo claro de hacia dónde hay que ir, no actúan como sistema y por ende , rara vez logran un buen servicio a la comunidad.

Generalmente esbozan grandes objetivos y planes que son elaborados por unos cuantos "expertos". Rara vez llegan a proyectos concretos con estrategias, acciones, metas, indicadores y responsables.

Al no contar con un buen sistema de planeación los administradores públicos se encuentran perdidos en el mar de las urgencias y en lo trivial.

Es preferible dedicarle tiempo a un buen ejercicio de planeación que regresar continuamente a los cuestionamientos básicos.

Vicios comunes

Los vicios de la planeación más comunes en gobierno son:

- Nula visión de conjunto
- Planear-fracasar-volver a planear
- Planeación fragmentada
- Planeación para lo trivial
- Planeación para el corto plazo
- Planeación sin tomar en cuenta las necesidades del cliente
- Planeación jerárquica, no-participativa
- Planeación de acuerdo los últimos acontecimientos
- Planeación sin metas sólo por objetivos generales
- Planeación por "expertos"
- Planeación no atada a la presupuestación
- Planeación sin indicadores
- Planeación sin responsables
- Planeación para cubrir el expediente

Sin visión de conjunto cada quien se preocupa por su pequeño mundo sin entender el todo, cada quien hace lo que se le ocurre sin preguntarse si esto es útil a los objetivos superiores de la organización.

Preguntas Básicas

Para poder planear es fundamental partir de un buen diagnóstico:

- ¿Cuál es nuestra misión?
- ¿Quiénes son nuestros clientes?
- ¿Qué hacemos para satisfacer sus necesidades?
- ¿Qué productos ofrecemos o debemos ofrecer?
- ¿Cuáles son nuestras fuerzas y debilidades?
- ¿Cuáles son nuestras amenazas y oportunidades?

Hecho esto, es importante fijar el rumbo:

Estrategias para un Gobierno Competitivo

- ¿Hacia dónde queremos llegar?
- ¿Cuál es la visión ideal?
- ¿Cuáles son los objetivos?
- ¿Cuales son los factores clave para alcanzar esos objetivos?

Se deben buscar los grandes lineamientos estratégicos que lograran los objetivos. Esos lineamientos deben formularse como proyectos con estrategias especificas y dentro de cada estrategia, acciones concretas. Todo ello, enmarcado en el tiempo. La pregunta es:

¿Para cuándo?

Plantear un objetivo sin metas y medición es peligroso o mejor dicho es poco efectivo. Es como querer bajar de peso sin fijar un peso ideal. Debemos crear tensión entre la situación actual y el estado deseado y para lograrlo es necesario cuantificar el estado presente y el ideal. Cada estrategia debe medirse, cada acción debe medirse. En síntesis debemos contestar:

- ¿Cuánto voy a lograr?
- ¿Cómo voy a medir el avance?
- ¿Cada cuándo voy a medir?

Los proyectos, estrategias y acciones deben tener responsables:

- ¿Quién es el responsable del proyecto?
- ¿Quién va a ejecutar esta estrategia?
- ¿Quién va a ejecutar esta acción?

Finalmente, hay que contestar dos preguntas básicas:

- ¿Qué recursos (humanos y materiales) requerimos para realizar los proyectos?
- ¿En qué tiempo?

- ¿Cómo los vamos a obtener?

Participación y Sentido de Pertenencia

Todo ello, debe realizarse de una manera participativa, con la creatividad del equipo en todos los niveles. No hay mejor manera de hacer que un plan fracase que diseñarlo de manera autocrática. Si el plan es del jefe, no es mío y si no es mío, no me interesa.

Planear bien no es fácil, pero es más peligroso no hacerlo. La clave radica en tener un buen líder que le dedique tiempo a la planeación, una buena metodología de Calidad y un buen facilitador para realizar esta tarea de la manera más rápida y completa posible. Si el ejercicio no responde alguna de las preguntas, no está completo y por ende, no será exitoso.

Misión y Visión

Es importante entonces, partir de una misión: ¿Qué es lo que debo hacer?.

Hecho esto, hay que trazar una visión positiva: ¿Dónde me imagino estar en el futuro?

Ambas deben elaborarse participativamente y en función del diagnóstico estratégico, en especial, de las necesidades y expectativas del cliente.

De esa manera se van trazando los grandes objetivos del sexenio o del trienio o mejor aun, un plan de largo plazo que rebasa la administración en turno.

Alineación

La misión y la visión servirán para alinear las misiones y visiones de cada departamento y cada proyecto, cada acción y cada recurso. Si la organización no trabaja como sistema en favor de estos grandes objetivos, los resultados son pobres, desarticulados y sin impacto para la comunidad.

Es fundamental contar con una visión general, desplegar esta visión en planes concretos y medibles de acuerdo a las exigencias y expectativas de los clientes. Tener en cuenta que el gobierno es un sistema en el que todas las partes deben contribuir para alcanzar objetivos.

Indicadores para la Verificación

En ocasiones, tenemos gobiernos que planean y que invierten en nuevos proyectos pero que nunca verifican los resultados. Sin verificación, cualquier plan está destinado al fracaso. Por ello, en los gobiernos vemos que el común denominador es planear - no verificar- esperar a que surja una nueva crisis- volver a planear.

Para verificar se deben utilizar indicadores precisos que corrijan el rumbo constantemente.

De esa manera se cierra el círculo de la planeación o Círculo Deming:

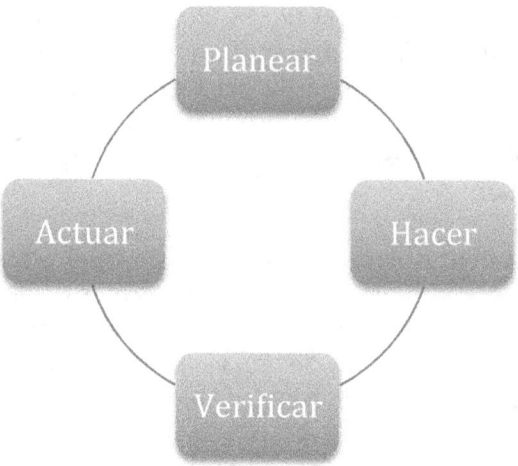

Para poder verificar es necesario contar con indicadores de desempeño. Estos se obtienen de los objetivos trazados.

Ejemplo:

Objetivo: Reducir la criminalidad.
Indicadores
General: Número de delitos por mes.

Específicos:

- Número de violaciones por mes.
- Número de Homicidios por mes
- Número de Lesiones por mes.
- Numero de Robo de Autos por mes
- Número de Robos a Casas por mes
- Número de Robos a Negocios por mes
- Número de Secuestros por mes
- Número de Asaltos por mes

Ya que tenemos el indicador, podemos empezar a medir su situación real y para ello podemos utilizar los datos históricos.

Por ejemplo:

Violaciones: media histórica = 54 violaciones por mes.

Objetivos de Resultados

Los objetivos deben ser de RESULTADOS, no de actividad. El error más común es plantearse objetivos de actividad. Por ejemplo: En lugar de reducir la criminalidad, incrementar el número de patrullas. A nivel estratégico, lo que importa es el resultado final ante la comunidad, no la actividad.

Hecho esto, entonces sí se pueden definir los proyectos y programas para alcanzar esos grandes objetivos y ahí sí , la actividad es importante.

Sencillez y Efectividad

Un ejercicio de planeación debe ser sencillo y efectivo. Sin rebuscamientos y sin grandes esquemas intelectuales que acaban por confundir. En la sencillez se ubica la elegancia y efectividad de un plan.

Debe ser elaborado participativamente pues es sumamente común dejarle los planes a un "experto" que poco conoce de los servicios y de los clientes de la dependencia.

Los niveles superiores no deben definir el plan a detalle. Su misión es la definición de los grandes objetivos y estrategias.

Digamos que es como pintar un cuadro. Los directivos esbozan los grandes trazos y los operativos se encargan de detallar (aunque no debe eliminarse la posibilidad de que también contribuyan a los grandes trazos). De esa manera toda la organización se siente dueña de los proyectos.

El equipo de Calidad de cada secretaria o dirección debe definir a su cliente, encontrar los servicios clave, definir su misión y su visión y alinearse con los grandes objetivos y estrategias de la organización. El ejercicio termina con la definición de proyectos estratégicos esbozados únicamente a nivel de objetivos y estrategias.

Hecho esto, cada miembro trabaja con sus propios colaboradores para empezar a definir las estrategias, las acciones, las metas, la duración y costo del proyecto. No tiene caso seguir adelante en el detalle de cada proyecto sin saber si habrá recursos disponibles.

Competencia y Selección de Proyectos

Cuando cada dependencia tiene sus proyectos definidos es importante hacerlos competir por los recursos económicos en forma democrática y racional - de acuerdo a su rentabilidad social.

Determinar la rentabilidad social es mucho más complejo que determinar la rentabilidad económica.

En el sector privado hay metodologías muy precisas para determinar la rentabilidad de acuerdo a egresos e ingresos. Los flujos futuros se traen a presente de acuerdo a una tasa de descuento y se comparan con el costo de la inversión. Si el valor presente neto (VPN) es positivo, la inversión es rentable, si es negativo, se descarta el proyecto. Hay otras herramientas como el PAYBACK (tiempo en que se recupera la inversión) o la TIR (tasa interna de retorno). Todas sin embargo, requieren de la estimación de egresos e ingresos.

En el sector público se pueden determinar con facilidad los costos de la inversión pero no así los ingresos.

El flujo generalmente no es en fondos, sino en otro tipo de beneficios sociales difíciles de cuantificar. ¿Cómo cuantificar la seguridad pública, la paz social, la paz laboral, la justicia, la seguridad en la tenencia de la tierra, la expedición expedita de algún servicio y demás beneficios sociales?

Hay metodologías muy complejas para hacer este cálculo de flujos sociales traducidos a pesos y centavos, pero requieren de mucha capacitación, por tanto, sólo se recomiendan para grandes proyectos de inversión.

Variables Clave para toma de Decisiones

En Nuevo León, desarrollamos una metodología sencilla más enfocada a toma de decisiones que a encontrar un valor presente neto y una rentabilidad social precisa. La herramienta no es perfecta pero ayuda a los directivos a tomar decisiones correctas.

Se definen de 5 a 8 variables claves como la necesidad del proyecto de acuerdo a la necesidad de los clientes, el número de beneficiarios directos, el número de beneficiarios indirectos, el impacto en los grandes objetivos y lineamientos (seguridad pública, justicia, educación, etc.) de la administración, el grado de necesidad de los clientes, y si la inversión está en proyecto, en proceso o es complementaria a otra inversión.

El consejo de Calidad o el comité de gasto y financiamiento pondera cada variable y le da un peso específico..

Hecho esto, mediante un formato sencillo, cada dependencia marcan la variable sobre la que impactan sus proyectos de manera participativa.

Por ejemplo: El proyecto X beneficia directamente a 100,000 habitantes e indirectamente a 500,000; está en proceso; es urgente de acuerdo a las necesidades del cliente e impacta en el objetivo de mejorar la seguridad pública.

Para evitar el sesgo, se evita que los equipos conozcan la ponderación de las variables.

Los facilitadores de la planeación determinan la valuación final de cada proyecto de acuerdo a los atributos seleccionados por cada equipo y a la ponderación prefijada.

De esa manera se tiene el panorama completo para empezar a tomar decisiones: Un catálogo de proyectos con presupuestos preliminares y una puntuación por proyecto para hacerlos competir entre sí.

Hay proyectos costosos y de poca rentabilidad social y proyectos baratos de gran impacto social.

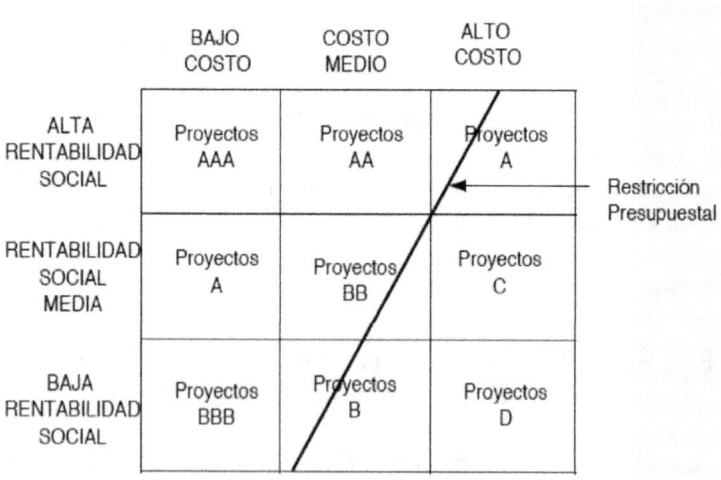

Restricción Presupuestal y Maximización de Utilidad Social

Los fondos disponibles son la restricción presupuestal: El portafolio final de proyectos seleccionados no puede exceder los fondos disponibles para gasto corriente y de inversión.

La herramienta intenta maximizar puntos (rentabilidad social) tomando en cuenta el costo de cada proyecto, su puntuación especifica y la restricción presupuestal. Se pueden agregar además, otro tipo de restricciones u objetivos como la intención de invertir cierto porcentaje en algún programa específico como la impartición de justicia o la seguridad pública.

El programa selecciona los proyectos ganadores y esto facilita la decisión final que se toma en equipo.

Los proyectos vivos, regresan a las dependencias para ser detallados y ajustados de acuerdo al presupuesto final. Cada estrategia de cada proyecto se desglosa en acciones. Cada acción debe tener sus propias metas y responsables.

Sistema de Información para el Autocontrol

Al terminar estos ejercicios es fundamental contar con un sistema informativo de administración de proyectos para que cada dependencia administre las tres variables más importantes: tiempo, gasto y avances. El principio es que cada quien utilice la información para el día con día. De esa manera, cada nivel organizacional utiliza sus indicadores para administrar el proyecto y auto controlarse.

Hay programas computacionales en el mercado que ayudan a desglosar los proyectos y a darles seguimiento. De esta manera la información siempre está lista pues se usa en el control diario en lugar de la muy típica actitud de hacer un "reporte especial" para el jefe cuando éste lo solicita.

Resumen

Es vital realizar un buen ejercicio de planeación de acuerdo a los valores, conceptos y herramientas de la Calidad Total. Los proyectos deben competir democráticamente por los recursos disponibles. La selección de proyectos no es tan fácil como en la empresa privada. El objetivo es contar con una cartera de proyectos que maximice la utilidad social de acuerdo a las necesidades del cliente. La restricción es el presupuesto de gasto corriente y de inversión. La utilización de variables clave es una herramienta sencilla y útil para la toma de decisiones en la asignación de la inversión y el gasto.

Capítulo 8 : La Presupuestación

Errores comunes

El error más común en la elaboración de un presupuesto es no hacerlo en equipo, participativamente. Las dependencias presentan un proyecto de presupuesto y la Tesorería o la Oficialía Mayor, toma las decisiones de asignación de recursos sin consultar, consensar o negociar con las dependencias.

Otro error es el hacer presupuesto sin planeación: De lo recibido el año anterior se incrementa o se reduce un porcentaje a tabula rasa, sin considerar los proyectos de las dependencias y su rentabilidad social.

Es el proceso de la "caja obscura" que siempre se da en los gobiernos por el poder de los que controlan el dinero. Esta cúpula se siente dueña de los fondos en vez de responsabilizar a cada oficina de gobierno que brinda el servicio.

Para lograr la creación de auténticos centros de responsabilidad es importante desglosar el presupuesto hasta el máximo nivel para que los responsables de servir y administrar se conviertan en centros de responsabilidad: El que tiene el problema debe tener los recursos y el poder de decisión.

La autocracia en el presupuesto genera dispendio, irresponsabilidad y descontrol en el ejercicio: "Tú me tratas como un irresponsable, yo actúo como tal".

Un presupuesto global , sin detalle, no es sano pues deja demasiada discreción a los niveles superiores de la organización y estos acaban por atender lo urgente, en lugar de lo importante; por atender al jefe, en lugar de atender las necesidades del cliente. Con un presupuesto global se fomenta el dispendio en lugar del ahorro y la optimización, se fomenta la irresponsabilidad y la ineficiencia.

No hay mejor estrategia que darle a cada quien lo suyo desde el principio del año y dejar que lo administren de la mejor manera, de acuerdo a las prioridades fijadas durante el ejercicio de planeación.

Otro error típico es presupuestar por estructura o burocracia y no por planeación: "Cuento con 50 empleados, estos empleados necesitan tanto dinero para trabajar". Pero nunca se pregunta cuál es el efecto de esos empleados en la misión del gobierno, en la efectividad de los servicios y en la satisfacción de los clientes.

Presupuesto por Proyectos

Es importante presupuestar de acuerdo a los servicios y no en base a las funciones. Aunque el presupuesto se desglose por partidas para su facilidad contable, cada partida debe traducirse en una actividad específica dentro de cada proyecto.

No es lo mismo presupuestar "sueldos" y "equipo de computo" que presupuestar la creación y operación de un módulo de atención a usuarios. El primero sólo garantiza una estructura burocrática que exige alimento constante. El segundo exige un resultado medible.

Para lograr el presupuesto por proyecto es indispensable hacer un verdadero ejercicio de planeación . Muchos gobiernos cometen el error de planear solamente el gasto de inversión (gasto en activo fijo) y se les olvida que un gran porcentaje del gasto es administrativo o de operación (gasto corriente). La realidad es que muchos proyectos de gran importancia para el servicio se alimentan de ese gasto administrativo.

Todo el presupuesto - de inversión y de operación - debe estar atado a las metas y acciones que cada oficina de gobierno realiza. Esto le da dirección al gasto hacia lo importante, hacia los grandes objetivos, hacia la satisfacción del cliente. De esta manera el gasto burocrático se convierte en gasto productivo.

El presupuesto desglosado por actividad (de acuerdo a un ejercicio de planeación) genera responsabilidad en la administración del dinero, así mismo, esclarece la productividad de cada oficina con lo que se puede evaluar la eficiencia de cada quien.

Los puntos de control son el dinero y los resultados: ¿Cuánto se ha gastado? ¿Cuánto se ha logrado?

El presupuesto debe ser elaborado con base cero, es decir, de acuerdo a la misión y visión de la organización, de acuerdo a las necesidades del cliente, el análisis de fuerzas y debilidades y al plan de modernización y no como suele hacerse, de acuerdo a lo que se gastó en el pasado. Cada estructura y cada gasto debe cuestionarse como si no existiera, como si no hiciera falta, como si fuera la primera vez, "como si fuera el primer día de la creación". Dicho en otros términos: Lo que importa es el futuro, no el pasado, ni siquiera el presente.

Creación de Centros de Responsabilidad

Como mencionamos en el Capítulo 6, es fundamental bajar el presupuesto hasta los auténticos líderes de los proyectos para crear centros de responsabilidad. Es decir, sentido de pertenencia y afán de eficiencia y optimización para los que realmente están enfrentando los problemas. Este nivel puede ser el 3 o 4 de la organización (Directores).

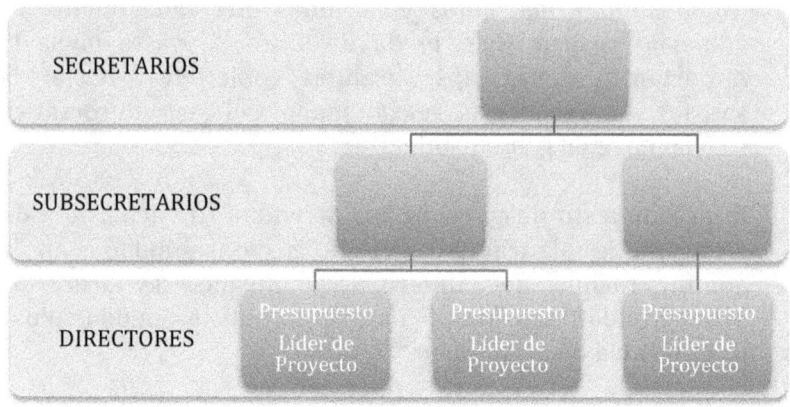

Transferencia de Fondos entre Partidas y Acumulación de Ahorros

Un grave problema en las administraciones públicas es que generalmente, no se autoriza a los administradores a hacer transferencias entre partidas presupuestales. Tampoco se autoriza a conservar el presupuesto ahorrado. Esta actitud hace demasiado rígido la administración presupuestal y las dependencias acaban por gastarse todo aunque no lo necesiten. Es decir, se premia al que gasta, no al que optimiza y ahorra.

Por ello, es fundamental dejar abierta la puerta a la transferencia de fondos entre partidas con reglas claras y precisas. Ejemplo: El encargado de la oficina puede lograr ahorro en el suministro de gasolina asignado y emplearlo en equipo de cómputo, elevar los sueldos de sus empleados, remodelar la oficina o capacitar al personal. Al convertirse en responsable de estas decisiones el administrador empieza a desarrollar sus habilidades estratégicas y deja de ser un simple tramitador de papeles.

Otro concepto útil es el de presupuestos bi-anuales para evitar el desgaste de estar negociando recursos año tras año y para imprimirle continuidad a los proyectos de largo alcance.

En síntesis, la asignación de recursos y su administración debe fundamentarse en relaciones de tipo adulto-adulto y no de autoridad - subalterno como actualmente se supone. Los administradores que son tratados como adultos administran mejor y dan muchos mejores resultados. Los administradores que son tratados como niños irresponsables acaban comportándose como tal.

Apalancamiento para la Calidad

No debemos olvidar que si queremos transformar la burocracia en administración de Calidad, las estrategias del cambio deben estar respaldadas o apalancadas con recursos financieros. El dinero es una palanca poderosísima, si no se usa para la Calidad, se está utilizando para reforzar lo burocrático.

La elaboración de un presupuesto es el momento más importante de cualquier organización y el paradigma a romper es que el presupuesto es una camisa de fuerza impuesto por algún oscuro jerarca que nada entiende del cliente. El nuevo paradigma es que el presupuesto es la palanca para cumplir con los planes y proyectos de la organización y por tanto, el primer requisito para poder servir al cliente.

Es obvio que esto rompe con la tradicional autocracia y soberbia de los que "controlan" los fondos y que gustan de manejar cajas negras misteriosas para asegurar su poder político interno.

La verdadera misión de quien asigna presupuesto es facilitar los proyectos del gobierno, contribuyendo a la optimización del gasto y a la maximización de resultados de acuerdo a la demanda de sus clientes internos, que son el resto de las oficinas de gobierno.

No está en su misión el cuestionar los proyectos, salvo como parte del equipo de planeación y sólo durante la elaboración del presupuesto.

Cuando una Tesorería u Oficialía Mayor se enfoca a sus clientes (las dependencias de gobierno), los trata como adultos y negocia los presupuestos, está apalancando un proceso de Calidad que redundará en un mejor servicio a los ciudadanos. Esta receta requiere que el gobierno conozca y maneje las herramientas de la planeación y de la Calidad, y por tanto, es indispensable la capacitación de los responsables del ejercer el gasto.

Control Presupuestal y Administración de Proyectos

Un buen ejercicio de planeación y presupuestación debe estar respaldado por una eficiente administración del presupuesto y de los proyectos. El paradigma a romper es que el control del presupuesto y de los proyectos debe hacerse de manera jerárquica. En la administración de Calidad se delega esta responsabilidad a cada líder de proyecto y se le brindan todos los recursos e información necesarios para que pueda cumplir con sus objetivos y metas. Por ello, es fundamental contar con un sistema de información en tiempo real (al minuto, al segundo)) para que los administradores puedan tomar buenas decisiones que optimicen el gasto y maximicen los resultados.

MODELO SAG

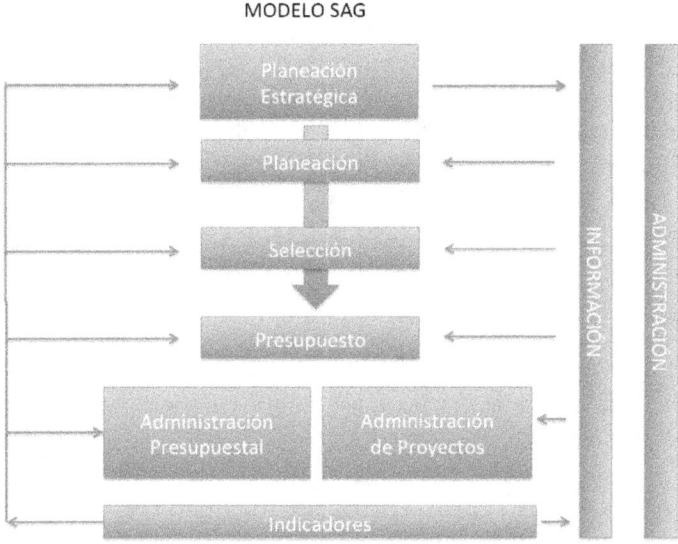

Beneficios para Todos

Al hacer cambiar la relación a adulto-adulto todos se benefician. Se beneficia el cliente que recibe mejores servicios, se benefician los administradores pues dejan de ser meros tramitadores sin autoridad para convertirse en auténticos ejecutivos con capacidad de decisión. Se benefician los tesoreros y oficiales mayores pues dejan de dedicarse a lo operativo, de intentar controlarlo todo y empiezan a dedicarse a lo estratégico; ser adulto es preferible a ser un padre regañón que todo el tiempo debe vigilar y reprender a sus hijos rebeldes.

Resumen

Un buen ejercicio de presupuestación sólo es posible después de un buen ejercicio de planeación. Para presupuestar es necesario utilizar conceptos, valores y herramientas de Calidad Total. La administración del presupuesto debe ser una palanca para el cambio no una camisa de fuerza. El gasto corriente debe convertirse en gasto productivo. Deben crearse centros de responsabilidad en los líderes de proyectos para optimizar el gasto e incrementar la eficiencia. La administración presupuestal debe fomentar la eficiencia, el auto-control y el ahorro. Los beneficios son radicales y son para todos.

Capítulo 9: Infraestructura para el Cambio

Rediseño Organizacional

La burocracia ha crecido tremendamente por el viejo concepto de que para hacer más hay que tener más. Para brindar mayores servicios los gobiernos han respondido con la creación de verdaderos monstruos organizacionales. El trabajo se va especializando y para poder controlarlo se insertan más y más niveles intermedios que "aseguran" el cumplimiento de las órdenes superiores.

Esto es falso: a mayor burocracia menor control. Los gobiernos se vuelven tan grandes que ya nadie sabe quien es el cliente; ya nadie sabe para que está ahí y que es lo que está haciendo. Todos justifican su trabajo con trámites engorrosos, papeles sobre papeles y firmas sobre firmas. Cada cambio de administración provoca nuevas ideas, más gente, más programas y más etapas para los ya de por sí complejos procesos.

En las administraciones tradicionales hay demasiados niveles organizacionales.

Para acabar con esta maraña que ya nadie entiende sólo se puede empezar con un enfoque fresco: Nada de lo que existe vale, hay que pensar la organización de nuevo, hay que partir de cero.

Para rediseñar la organización es fundamental partir del cliente y de los auténticos servicios que debe prestar el gobierno. Estos servicios varían según se trate de un gobierno municipal, estatal o federal y de acuerdo a la realidad sobre la que se actúa.

Detrás de cada servicio hay un proceso, y cada proceso es ejecutado por personas. Estos procesos deben ser muy sencillos, extremadamente simples y enfocado a dar un buen servicio al cliente.

Hasta en tanto no tenemos este panorama, no podemos pensar en la organización. El problema es que estamos acostumbrados a empezar por el final. Nos abocamos a ver organigramas en lugar de estudiar procesos. El organigrama es una fotografía de la estructura de poder, no da ninguna información sobre la eficiencia y objetivos de la organización.

Hay muchas maneras de estructurar una organización pero la mejor es de acuerdo a los procesos y los servicios que se prestan.

Algunas reglas básicas para hacerlo son:

• Empezar por los clientes.

• Entender y definir con claridad los servicios y los procesos.

• Lo más sencillo es lo mejor.

• Definir los enlaces cliente-proveedor de los procesos.

• La estructura debe generar sinergia; las partes deben trabajar en equipo en función de la misión superior del gobierno.

• Evitar o eliminar los niveles intermedios o tramos de control. La "pirámide" debe ser lo más plano posible. Se debe generar responsabilidad y autocontrol.

• Balancear la carga de trabajo.

• Lo importante de la organización es la comunicación, no las funciones.

• El organigrama no dice nada.

Para poder eliminar los niveles intermedios, es indispensable romper el paradigma de que sólo los de arriba piensan y los de abajo ejecutan. En la administración de Calidad todos se auto controlan y por ende, los niveles de control, los intermedios, salen sobrando.

Una manera de enfocar la nueva organización es con un diagrama causa-efecto. El organigrama tradicional sólo muestra la estructura de poder, pero no el objetivo ni las relaciones entre las partes. El diagrama causa-efecto considera a la organización como un sistema, en donde todas las partes se relacionan entre sí para logra un objetivo.

Sueldos

Pocos gobiernos cuentan con un verdadero sistema de sueldos y salarios o de compensaciones. Esto provoca confusión, inequidad e inconformidad.

Cada puesto debe ser valuado de acuerdo a criterios objetivos y alineado en comparación a los otros. Hecho esto, se determina un tabulador, es decir el nivel óptimo de sueldo por cada nivel organizacional. Para evitar la promoción de puesto o la creación de más niveles con fines de mejorar el sueldo, se abre un rango de pago por cada nivel de organización: alto, medio, bajo.

De esa manera la mayoría de los empleados se ubican en el nivel medio, los de nuevo ingreso se ubican en el nivel bajo y los que por méritos merecen ser compensados, se ubican en el nivel alto.

El tabulador de gobierno debe ser una curva (generalmente es una recta), equivalente al de la iniciativa privada pues el objetivo es pocos empleados bien pagados.

TABULADOR Y CURVA REAL DEL GOBIERNO DE NUEVO LEÓN

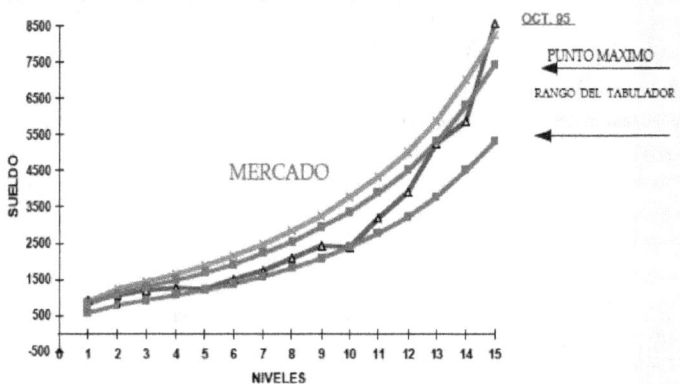

TABULADOR Y CURVA REAL DEL GOBIERNO DE NUEVO LEÓN

Por último, el sistema debe ser sencillo de administrar y muy visible. No es recomendable mantener compensaciones ocultas o "especiales" pues el objetivo es crear un sistema abierto y transparente.

Para lograrlo, la sociedad debe preferir servidores bien pagados, muy productivos y honestos que servidores mal pagados, desmotivados, improductivos y tentados a cometer un error. Aquí todavía hay muchos paradigmas qué romper.

El Método del Cambio

No hay reglas que puedan aplicarse a todos los gobiernos. Por ello cada gobierno debe crear su propio método o modelo de cambio.

La administración debe seleccionar las áreas o procesos estratégicos que requieren un cambio, ya sea por la cantidad de clientes que atiende o por su impacto en la misión del gobierno. Es la etapa de poner a prueba de acuerdo al Círculo Deming, para luego generalizar o estandarizar.

Estas áreas deben convertirse en los proyectos piloto del gobierno donde habrán de concentrarse los esfuerzos y los recursos. Esto debe determinarse en equipo y por consenso.
En esas áreas debe haber un buen líder capaz de realizar el cambio.

Plan General

Una vez arrancados y asegurado el éxito de los proyectos piloto, una vez asimilada la experiencia y verificado los resultados, la organización está lista para crear o adoptar un modelo general. La moraleja es: Empieza en pequeño pero piensa en grande.

En esta etapa, las variables clave son:

- Concientización
- Comunicación
- Capacitación
- Organización
- Medición
- Motivación
- Liderazgo

El líder debe asegurarse que todos entiendan la necesidad del cambio, debe darles una visión positiva de hacia dónde quiere llegar, debe brindarles capacitación para que entiendan los nuevos conceptos y las nuevas herramientas, debe asegurar una organización del cambio, es decir un responsable, una aliado del cambio en cada área, debe contar con un proceso de medición para precisar el avance y debe reforzar el cambio cultural con signos claros de premio y castigo.   Más importante aun, el <u>líder   debe encabezar el proceso de cambio.</u>

Modelo de Cambio hacia la Calidad

Todo proceso de Calidad empieza y termina con la educación. Ningún gobierno puede alcanzar la Calidad si no cuenta con personas de Calidad. Se debe crear un centro de capacitación en donde los servidores aprendan los nuevos valores, los nuevos conceptos y las nuevas herramientas.

La capacitación debe ser en horario normal de trabajo, sólo así se transmite el mensaje de que la capacitación es una inversión importante. Debe ser fuera de las oficinas para lograr la el efecto de alejamiento de la operación.

Las variables clave a controlar son:

* Cursos adecuados al proceso de cambio
* Material de Calidad
* Instructores profesionales
* Instalaciones de Calidad (edificio y equipo)
* Obligatoriedad
* Contenido práctico-aprender haciendo
* Asistencia del jefe con su equipo de trabajo
* Aplicación inmediata
* Evaluación de la capacitación y de su aplicación

Todo modelo debe contar con una primera etapa de planeación en donde cada dependencia de gobierno encuentra su verdadera identidad. Esa identidad está dada por la demanda de servicios que hacen los clientes. La identidad se refleja en la misión (lo que debo hacer para satisfacer al cliente) y en la visión (dónde me imagino estar e el futuro). La etapa de planeación, termina con proyectos de mejora concretos. Cada proyecto debe contener responsables, estrategias, acciones, metas e indicadores precisos.

La segunda etapa del modelo debe contar con metodología de Calidad para poder rediseñar los procesos (reingeniería) y para poder rediseñar a organización. Ese rediseño puede incluir la mejora material, es decir la inversión en tecnología, instalaciones o equipo, pero sin olvidar que la verdadera área de oportunidad para alcanzar la productividad se encuentra en la reingeniería de los procesos.

La tercera etapa es el aseguramiento del éxito. Esta etapa del modelo debe incluir evaluación constante por los clientes, documentación del cambio, medición de variables claves y ante todo, reforzamiento de la cultura de la innovación. Sólo aquí se alcanza una organización que aprende. Es probable que en esta etapa los rendimientos se hayan vuelto marginales pero nunca se abandona la filosofía de los grandes saltos. Una organización siempre debe estar dispuesta a ser creativa. Esa creatividad debe estar enfocada a servir al cliente, a hacer las cosas con sencillez y transparencia y sobretodo a no tener miedo a lo nuevo.

El proceso nunca termina y no se puede estar completamente seguro de que la organización ha adoptado una nueva cultura hasta que no lo hace parte de su rutina, de su manera de enfrentar y resolver problemas.

Resumen

Es difícil realizar un cambio sin infraestructura básica como un sistema equitativo y competitivo de sueldos y salarios, una organización esbelta y ágil, sin poner a prueba la metodología y sin un buen centro de capacitación que abra conciencias y corazones y brinde conocimientos sobre la nueva manera de administrar.

Capítulo 10: El Cliente y los Servicios

La Palabra Cliente

Sabemos que el paso más radical para cualquier burocracia es enfocarse al cliente. Es decir, reconocer que su trabajo se justifica y sólo se justifica al servir al cliente, pero no como la organización se imagina que debe atenderlo sino como el cliente demanda ser atendido.

Pensar en el ciudadano como cliente es un inmenso cambio cultural que la sociedad aprecia. No debemos tenerle miedo a este término. Usuario, beneficiario, educando, contribuyente y demás nombres son menos descriptivos de lo que realmente sucede. ¿ Por qué tanto miedo a hablar de clientes en gobierno?

Cuando una organización no trabaja en función a su cliente se le trata como un delincuente o un mendigo. ¿Qué quiere? ¿A qué viene? Como un impertinente que viene a perturbar la plácida inactividad del burócrata.

Pensar en el cliente implica un cambio de actitud que debe ser reforzado de muchas maneras. La primera obviamente es la actitud del líder, si el líder actúa en función del cliente, el resto de la organización seguirá su ejemplo. Si el líder, por el contrario, finge, el resto de la organización también fingirá.

La voz del cliente debe insertarse desde la planeación y debe asegurarse como razón de ser de los procesos. No solamente hay que conocer y escuchar al cliente, hay que realizar los cambios que él demanda.

Ejemplo: si se va a construir un nuevo edificio. El cliente puede aportar ideas desde su punto de vista pues el edificio es para atenderlo a él.

Pasos para Mejorar el Servicio

1. **Definir al Cliente**.

   El cliente es quien recibe un beneficio de nuestra actividad. Ese cliente puede ser interno si es alguien dentro de la propia organización o externo, el ciudadano. Sobra decir que el ciudadano es el más importante pero hay muchas áreas que no tienen contacto con él son áreas de servicio interno.

   ¿Un contribuyente es cliente? Sí, pues debe pagar sus impuestos y el gobierno debemos facilitarle su pago, ese es nuestro servicio.

   ¿Un reo es cliente? Sí, y debemos atenderlo como tal en el centro de readaptación.

   Es decir, el gobierno tiene funciones de coacción y en ese caso los coaccionados son los clientes.

2. **Eliminar lo que no es servicio** (lo que no agrega valor al cliente).

	Cliente Interno	Cliente Externo
Actividad 1	✓ sí	
Actividad 2		✓ sí
Actividad 3	✓ sí	
Actividad 4	no	no
Actividad 5	no	no sé

Si la actividad que realizamos no tiene cliente quiere decir que NO es servicio y por tanto, debe eliminarse. **Lo que no es servicio es desperdicio.** Debe hacerse una matriz como la que aquí presentamos para saber si nuestras actividades benefician a alguien. Si no es así deben eliminarse. No tiene caso mejorar lo que no tiene utilidad para nadie.

Este es un ejercicio sumamente importante y no puedo dejar de subrayarlo. Es lógico que algunas áreas van a resistirse si el resultados del ejercicio significa su desaparición, pero para la organización es de vital importancia utilizar esos recursos en la mejora de sus auténticos servicios.

Cada vez que tengan dudas, es importante preguntarse quien es el cliente y si en verdad recibe algún beneficio de nuestra actividad y no hay mejor manera de estar seguros que preguntarle al cliente directamente.

¿Qué beneficio recibes por mi actividad?

3.   Definir Estándares de Servicio

El siguiente paso, siempre y cuando que la actividad realmente sea un servicio, es la de definir estándares. El estándar es una meta cuantificable de cómo debe entregarse el servicio. Deben fijarse con atención a las demandas del cliente. Por tanto, es importante conocer los **atributos** del servicio que **el cliente** considera valiosos. Los más importantes generalmente son:

- **La rapidez**. El cliente no quiere perder tiempo realizando un trámite o recibiendo un servicio.
- **La facilidad**. El cliente quiere recibir el servicio con facilidad. Si lo puede hacer desde su casa por Internet o por teléfono, mejor. Si lo puede realizar en una sola visita en lugar de varias, mejor.
- **La sencillez**. No debemos complicarle la existencia al cliente con requisitos absurdos y engorrosos. ¿Cuántas veces solicitamos información excesiva y lo que es pero, que nosotros mismos tenemos, podemos o debemos conseguir.
- **La exactitud o la seguridad**. Si el cliente recibe un servicio, busca que éste sea seguro: jurídica y técnicamente. Que no tenga errores.

Los otros atributos podemos descubrirlos conversando y encuestando a nuestros clientes.

Debemos cuantificar el atributo a través de un indicador:

Una vez que hemos entendido los atributos del servicio, debemos intentar encontrar la manera de medirlos, es decir, de cuantificarlos.

Rapidez se mide en minutos, horas o días. Ejemplo: Días para resolver trámite.

La facilidad por vueltas o traslados o número de ocasiones que el cliente tiene que realizar. Pero también tiene que ver con la distancia que el cliente tiene que realizar para recibir el trámite o servicio. Todo lo que podamos hacer para que el cliente realice su trámite en su domicilio o en los lugares que normalmente frecuenta deben considerarse como mejores a que deba asistir a una oficina pública en donde nunca hay facilidades de estacionamiento, rutas de transporte, sanitarios y demás. Por tanto, podemos comparar servicios por Internet contra servicios en físico o servicios en oficinas publicas contra servicios en bancos o número de ocasiones que asiste el cliente.

Ejemplos:

- Número de trámites realizados en una sola vuelta.
- Trámites realizados vía Internet.
- Pagos realizados en sucursales bancarias.

La sencillez se mide por el número de requisitos. Entre menos requisitos mejor. Esa es la mejor manera de medirlos por el número de formatos o documentos que el clienta deba aportar.

Ejemplos:

- Número de documentos complementarios para realizar el trámite.
- Número de servicios sin necesidad de presentar información adicional.

La exactitud o la falta de errores, se mide por retrabajos o quejas o faltas.

- Porcentaje de servicios sin reclamo.
- Porcentaje de trámites sin errores.

Al encontrar esa manera de medir el atributo, estaremos encontrando los estándares, es decir las metas que nos proponemos cumplir.

Por ejemplo:

- Este trámite debe cumplirse en 2 días hábiles.
- La patrulla debe acudir al auxilio en menos de 5 minutos.
- La cita con el doctor debe realizarse en menos de 3 días.

No es fácil determinarlos pues por una parte, tenemos las restricciones del proceso o de la norma y por la otra, las expectativas del cliente. Pero mi mejor consejo es empezar con una meta retadora pero alcanzable para luego, al ir mejorando el proceso, poder también mejorar el estándar.

Quizá los ciudadanos quieran que la patrulla llegue en menos de 1 minuto. Nosotros sabemos que en promedio las patrullas están llegando en 5 minutos. Una meta retadora inicial quizá pueda ser 3 minutos.

4.   Comprometerse con el cliente.

Los estándares deben publicarse en todas las áreas de servicio. El Reino Unido se redactan los Citizen's Charter o las cartas compromiso en todas las oficinas de gobierno. En todos los puntos de contacto deben existir estos cartelones de compromiso: Internet, módulos de atención, etc.

Penalización. Si el servicio no se cumple en tiempo y forma, debe haber un castigo para el que lo presta y un premio para el cliente. Un ejemplo es la famosa "afirmativa ficta" que el derecho ha definido desde tiempo inmemorial: Si la autoridad no resuelve en tiempo, el trámite se entiende a favor del cliente.

5. Medir a través de los Indicadores de Desempeño del Estándar.

Una vez que esto se pone en marcha, el personal debe monitorear el porcentaje de cumplimiento del estándar. La fórmula es sencilla

Numero de servicios dentro del estándar/ número de servicios totales x 100

Eso nos dará una idea del porcentaje de servicios que estamos entregando dentro del estándar.

Por ejemplo: 86% de atención de llamadas de auxilio dentro del estándar. Eso indica que 14% del servicio está fuera del estándar y debemos realizar acciones de mejora para reducirlo y eliminarlo.

De nada sirve definir estándares si no medimos su porcentaje de cumplimiento. Cada estándar y servicio tienen sus características propias: Hay servicios en donde un 50% de cumplimiento es excelente ya que la variabilidad de su proceso es muy grande, pero habrá otros con menos variación, o por la relevancia del servicio en que el cumplimiento deba andar cerca del 100%.

Si el cumplimiento es de 100%, es un signo de que se debe mejorar el estándar, es decir, definir una nueva meta más ambiciosa, "apretar el cinto".

6. Complementar con el Indicador de Satisfacción del Cliente.

Como lo que importa siempre es la opinión del cliente, los indicadores de cumplimiento del estándar deben complementarse con encuestas de satisfacción a los

clientes. Esas encuestas nos podrán ayudar a mejorar los estándares y
sobretodo a definir acciones de mejora.

Ejemplo de encuesta de satisfacción:

	Muy Bien	Bien	Mal	Muy Mal
Rapidez del servicio				
Facilidad del servicio				
Oportunidad del servicio				
Atención del personal				
En general el servicio fue				
Comentarios Generales:				

La encuesta debe ser sencilla para que el cliente la llene en segundos. Para poder analizarlas con rapidez hay que cuantificarlas. Para eso hay que ponerle valores a las respuestas.

Ejemplo:

MB = 100 puntos
B= 90 puntos
M= 80 puntos
MM= 70 puntos

Para determinar la calificación total, se suman todas las respuestas respectivas y se dividen entre el máximo total (si todos los clientes hubiesen contestado MB, es decir 100).

Calificación real/ calificación ideal x 100

Ejemplo:

- **780 encuestas aplicadas**
- **calificación ideal máxima = 7800 puntos (todos contestaron a todas las preguntas con MB)**
- **calificación real = 5470**

Fórmula:

5470/7800 x 100 = 70% de satisfacción del cliente

Esto también puede desglosarse por pregunta:

Amabilidad 1680/1800 x 100 = 93% de satisfacción

Esto puede ayudar a definir estándares con fundamento en la satisfacción del cliente:

Ejemplo:

Estándar de rapidez 90% de satisfacción.
Estándar de facilidad 95% de satisfacción
Estándar de efectividad 90% de satisfacción
Estándar de amabilidad 95% de satisfacción

Sobre esos estándares de satisfacción se puede medir la variación para encontrar áreas de oportunidad.

Ejemplo:

Estándar de rapidez 90% de satisfacción
Real = 70%
Variación = -20

Eso nos indica que hay una brecha muy grande en cuanto a la rapidez del servicio.

7. **Definir acciones de mejora.**

Lo importante de todo este ejercicio finalmente es que vamos a tener muy claro lo que hay que mejorar. El equipo debe reunirse periódicamente y analizar lo que debe ser mejorado. Las herramientas de Calidad pueden ayudarlos: Ishikawa, Pareto, lluvia de ideas, etc.

Mi sugerencia es que las grandes áreas de oportunidad, más allá del 15%, siempre están en los cambios al proceso y por tanto, por ahí deben enfocarse. La tecnología y el equipo ayudan, pero casi nunca en la misma proporción que el simplificar el proceso.

Cuando el área de oportunidad involucre a los proveedores del servicio (generalmente otras oficinas de gobierno) se debe negociar con ellas el cambio.

Las juntas deben ser breves y con la idea clara de encontrar áreas de mejora mediante la estadística. La estadística empleada tiene que ver con el indicador de desempeño y con el de satisfacción.

8. **Volver a medir.**

La medición debe ser constante, pero es especialmente importante el volver a medir una vez que se han hecho cambios para ver su impacto en el indicador de desempeño. El equipo debe juntarse semana a semana y analizar la medición para tomar decisiones.

9. **Mejora continua**.

Cuando el equipo se acostumbra a tomar decisiones con fundamento en los indicadores de desempeño y de satisfacción, lo hace por sistema, semana a semana, día a día, el servicio ha entrado en la etapa de la mejora continua.

El personal que presta el servicio debe comprometerse a fijar y respetar estándares en el servicio. Esos estándares pueden ser de tiempo y forma, lo importante es que sean fijados de acuerdo a las expectativas del cliente, que éste los conozca con antelación a la "contratación" del servicio y que en caso de que el gobierno incumpla haya un premio para el cliente y un castigo para el gobierno (servicio gratis, multa para la oficina gubernamental, afirmativa ficta, etc.).

Una idea complementaria es premiar a las oficinas con el mejor porcentaje de cumplimiento de estándares en sus servicios. Este modelo requiere un buen sistema de información.

Módulos de Atención

Cada oficina pública donde acudan físicamente los clientes debe contar con un módulo de atención. Este módulo es la cara del gobierno.

En ese lugar debe existir la información indispensable para lograr un buen servicio:

- Tipo de servicio
- Requisitos para el servicio
- Personas responsables el servicio
- Información vital como en qué etapa está el trámite
- Documentos o formatos necesarios
- Duración del servicio
- Estándares de servicio
- Gráficas con informe sobre los indicadores de desempeño y de satisfacción.

Lo más importante es que quien atiende al cliente debe contar con la autoridad para resolver. Cualquier duda, consulta o problema que el cliente tenga debe ser resuelta por el empleado. Estos son los famosos " momentos de la verdad", es decir cuando una organización debe dar respuesta efectiva a sus clientes.

Por lo general, las burocracias no cuentan con módulos de información y si lo hacen, los empleados del módulo - en el mejor de los casos - sólo son informadores; ante la duda, responden con un "venga mañana" o un " usted debe hablar con mi superior".

El módulo es el motor del cambio hacia la Calidad y siguiendo el concepto de la pirámide invertida, es el área de mayor jerarquía; el resto de la oficina debe seguir las indicaciones y decisiones del personal del módulo. Mientras la prioridad de la organización no sea el módulo, será difícil que la voz del cliente penetre en la organización.

El proceso debe iniciarse y terminar en el módulo de atención con la verificación de que el servicio solicitado fue brindado en tiempo y forma, y que el cliente ha quedado satisfecho. Debe llevar estadística de lo sucedido para detectar los casos de incumplimiento y las áreas de oportunidad.

Áreas de Oportunidad

Las áreas de oportunidad para brindar un buen servicio - sin duda alguna - son las que marca el cliente. Si el cliente está insatisfecho con todo o con una parte del servicio, es importante precisar lo que desea y esto se convierte en el objetivo de un proyecto de mejora.

El cliente puede pedir - como siempre lo hace - menor tiempo de respuesta en los servicios o no tener que acudir personalmente a activar el trámite. Ese es el objetivo de la mejora y la organización debe utilizar las herramientas de la Calidad para rediseñar el servicio.

Una cosas son los críticos y otra cosa son los clientes. Lo importante es la opinión de los clientes y de ellos, ahora sí, los más críticos, pues son ellos lo que destinan una parte de su tiempo para indicarnos las áreas de oportunidad para mejorar.

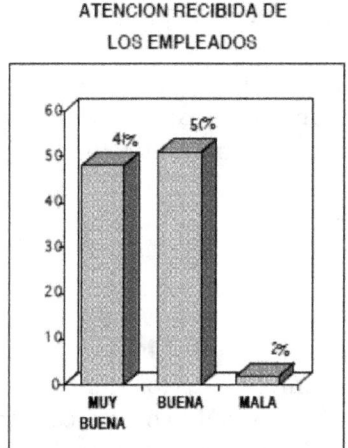

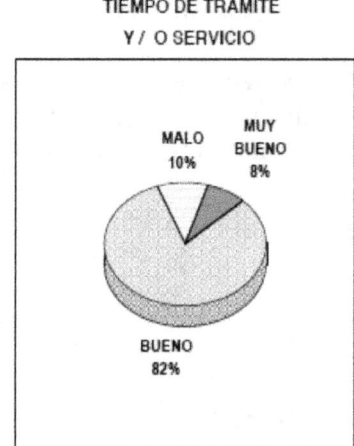

Registro Civil

En otras áreas que no tienen este tipo de mostradores es más difícil aplicar encuestas con tanta sistematicidad. Sin embargo, hay muchas sorpresas. Ejemplo: Un gobierno municipal puede estar enfocado a la pavimentación de calles y lo que el cliente en verdad quiere como máxima prioridad es la iluminación pública porque la oscuridad fomenta la inseguridad del barrio.

Si el gobierno no reconoce esto gastará mucho dinero en pavimentación, incluso puede hacerlo con gran eficiencia, pero no logrará impactar al cliente como un gobierno eficiente.

Moraleja: no basta administrar eficientemente, hay que administrar en función de lo que los clientes quieren.

Grupos de Enfoque

Otra técnica es la de grupos de enfoque o entrevistas a profundidad con sectores de la población o de la clientela para encontrar percepciones y demandas que no son obvias porque ni el gobierno ni los medios las han captado.

Muchas veces estos grupos de enfoque pueden ayudar a diseñar encuestas generales o por el contrario, profundizar en las demandas y expectativas encontradas en la encuesta.

Edificios

Los edificios públicos son todo menos eso, pues generalmente no cuentan con los servicios mínimos para el cliente. No tienen estacionamiento para los usuarios y empleados, no cuentan con sanitarios públicos, no cuentan con áreas cómodas de espera, teléfonos públicos, cafeterías, enfermerías, sistemas para emergencias y módulos de atención. Por ello ¡Nadie quiere ir a las oficinas públicas!

Por último, casi siempre están restringidos por un policía que trata al cliente como delincuente o como al hombre o a la mujer invisible.

Un signo importante de que la organización se preocupa por sus clientes son edificios dignos y funcionales tanto para el empleado como para el cliente.

Cuando se va a construir o remodelar un edificio público no debe contratarse una arquitecto sin antes haber consultado a los clientes y empleados lo que desean de ese edificio. El concepto arquitectónico lo define el cliente.

El Reconocimiento

El único reconocimiento válido de un buen servicio o de una administración de Calidad es el que otorga el cliente. Por ello se debe ser cauto con los premios o los reconocimientos propios que no están atados a la opinión de los clientes.

Un sistema de premios y reconocimientos es para motivar al personal ha realizar el cambio hacia la Calidad y no para demostrar que ya se ha alcanzado un estándar de Calidad. La satisfacción del cliente la define el cliente y nadie más.

Resumen

Pensar en el cliente es un cambio de paradigma y piedra angular de la administración de Calidad. Para ponerlo en práctica se debe conocer a profundidad la opinión de los clientes sobre los servicios a través de grupos de enfoque y encuestas periódicas. Esa opinión sirve para modificar los procesos. La única manera de mejorar un servicio es cuantificándolo a través de estándares de servicio y de satisfacción. El módulo de atención, telefónico o físico, es la jerarquía máxima de la organización y el motor del cambio. El único reconocimiento válido de que un servicio es mejor es el del cliente.

Santiago Roel R

Capítulo 11: El Liderazgo

Necesidad de un buen Líder

No hay proceso de cambio sin un buen líder que encabece la organización por sus valores. Sabemos que la jerarquía organizacional no es garantía de liderazgo y que si el líder no toma la bandera nadie lo va a hacer.

Se puede prescindir de cualquier variable excepto de un buen líder. Todo puede sacrificarse, hasta los recursos o la metodología, menos el liderazgo.

Variables de Control

Las variables de control o atributo para un líder son:

* Dar una visión positiva de hacia donde quiere ir
* Comunicar su visión
* Convencer a los demás
* Dedicarse a la estrategia
* Asegurarse de la Calidad de su equipo
* Tomar en cuenta los riesgos y amenazas
* Tener confianza en sí mismo y en los demás
* Ser positivo
* Ser activo
* Ser honesto
* Ser modesto
* Delegar la autoridad
* Estar abierto al conocimiento
* Otorgarle herramientas a sus colaboradores
* Encabezar el cambio
* Predicar con el ejemplo
* Dedicarse a lo importante

Cada Quien es Líder a su Nivel

El liderazgo de la cabeza pero debe contar con más aliados. Cada quien puede ser líder a su nivel si y sólo si, comparte los valores del líder y se le da libertad para ejercer su liderazgo.

Teniendo un buen líder con un poco de capacitación y trabajo se llega al cambio. Con un falso líder, no hay recursos suficientes para lograr el cambio hacia la Calidad.

Si el líder cuenta con aliados, debe depositar en ellos su confianza y otorgarles la libertad para actuar: No hay líderes en sistemas autocráticos.

Delegación de Autoridad

Los líderes deben tener suficiente confianza en sí mismos para poder delegar. Un jefe inseguro o inmaduro es incapaz de soportar la disidencia o la libertad de su equipo y sin ella, la creatividad de la organización se desperdicia.

Un ejemplo muy sencillo es el del entrenador de equipo. El líder no debe andar en la cancha de juego, sólo los jugadores tocan la pelota. El líder, por el contrario, estudia a los contrarios, fija la estrategia, facilita la táctica, entrena y capacita a los jugadores, decide quiénes entran al terreno de juego y quiénes son las reservas, evita pleitos entre el equipo, toma decisiones, está pendiente del tiempo y del marcador y corrige la táctica y la estrategia en caso necesario.

Es posible que en ocasiones esté tentado a entrar al terreno de juego pero esto reduciría su capacidad. Su misión es ser el entrenador, no meter los goles.

Sabemos que este perfil de líder es escaso en gobierno porque los sistemas autocráticos no permiten el liderazgo.

Cuando un gobierno empieza a cambiar hacia la Calidad, la necesidad del liderazgo se hace patente y muchos "jefes" entran en una crisis existencial. Es importante ventilar esta crisis y ofrecer capacitación para entender el nuevo rol a desempeñar, para dejar la seguridad de la jerarquía y aventurarse a los frutos del liderazgo.

No cabe duda que la principal herramienta que usa el líder es a sí mismo. El se usa como herramienta para demostrar con hechos el compromiso con la visión y la seriedad del esfuerzo.

Tipos de Jefes

• **Autócrata**. Da órdenes y espera que los demás lo obedezcan fielmente con o sin consentimiento. Requiere mucha disciplina en el grupo. Genera apatía y baja productividad.

• **Lassez-faire**. Deja que cada quien haga lo que quiere. Requiere mucha madurez del grupo y organizaciones muy pequeñas. Es difícil que el grupo cumpla con las tareas y alcance los objetivos.

• **Líder**. Define objetivos y estrategias, se preocupa por el grupo, permite la creatividad del grupo. Genera responsabilidad y productividad, administra el cambio. Tolera disidencia mientras no se haya definido la estrategia, una vez hecho el consenso, no permite que nadie actúe en contra de la organización.

Resumen

Todo se puede dejar de lado menos un buen líder. Las autocracias no generan líderes. Los sistemas de Calidad permiten la emergencia de buenos líderes. El líder máximo debe encabezar el proceso de cambio y madurar para delegar la autoridad. Cada quien es líder a su nivel. Muchos jefes tradicionales entran en crisis al cambiar hacia la administración de Calidad. Es importante capacitarlos y darles la oportunidad de madurar.

Capítulo 12: Trabajo en Equipo

Los Valores

El valor a resaltar en la administración de Calidad es la confianza en los demás. No se puede extraer la riqueza de la organización sin la confianza.

Confianza del líder en sus empleados. Confianza en los co-equiperos. El líder sugiere y orienta, no da órdenes pues la orden presupone la desconfianza.

Otro valor es el respeto. El respeto es de dos vías: Si el jefe no respeta a sus empleados, ningún empleado lo respetara a él. Si los compañeros del equipo no se respetan a sí mismos y entre sí mismos, no puede haber trabajo en equipo.

Estos valores, como todos, tienen que ir inmersos en la conducta diaria, de otra manera sólo es retórica hueca sin efectos prácticos. Todo ello genera la relación adulto-adulto entre todos los miembros de un equipo sin importar su rango, atributos o actividad.

La práctica más común para alcanzar estos valores es la del consenso. Por ello, a veces se tarda el proceso de Calidad porque no se vale actuar autocráticamente y meter al resto del equipo en la cajuela del auto. Todos deben cooperar y para ello deben estar convencidos del cambio y haberse comprometido con el proceso.

La disidencia es en la toma de decisiones no el acción. Las decisiones son por consenso, no por mayoría. Una vez que el grupo se ha decidido por una acción, todos deben apoyar.

Los integrantes del equipo aceptan las sugerencias siempre que sean abiertas, positivas y respetuosas.

Comités

El trabajar en comités o equipos genera compromisos. En cada nivel de la organización debe integrarse un comité de Calidad que se enfoca al cliente, fomenta el trabajo en equipo y rediseña los procesos.

Para poder trabajar en equipo es importante controlar las siguientes variables:

- Tamaño del equipo (5 a 8 miembros)
- Frecuencia de las reuniones (depende del proceso, se sugiere una vez a la semana o cada quincena en un principio)
- Agenda de trabajo y minuta de compromisos
- Reglas claras (asistencia, tarea, duración, objetivos, etc.)
- Respeto (reglas comunes, individualidad, etc.)
- Jerarquía de ideas no de rangos
- Apertura (no se valen los pleitos bajo la mesa)
- Las decisiones se toman por consenso, no por votación
- Es necesario el 100% del compromiso
- No hay verdades absolutas, sólo diferentes interpretaciones de una misma realidad.

Enlaces

Es vital que cada departamento o parte del proceso haga su análisis de quienes son sus clientes y quienes sus proveedores. Los proveedores surten un servicio, los clientes reciben el servicio. Un proceso es una cadena cliente-proveedor que se inicia con una demanda de servicio por un cliente externo y que termina con la respuesta de la organización.

Esto es asegurar trabajo en equipo para que el proceso fluya sin obstáculos.

Variables de control:

- El cliente define el servicio (cada parte es un cliente)
- El proveedor debe cumplir con los requisitos de su cliente
- Todos deben pensar en el cliente externo.
- Una parte se puede sacrificar si el resultado final es mejor para el cliente externo o para el resultado final.

Lluvia de ideas

Una técnica muy certera para definir problemas o encontrar soluciones es la lluvia de ideas.

1. El facilitador o el líder del grupo define el objetivo de la discusión.

2. Cada miembro aporta su interpretación.

3. Cada aportación se anota en un rotafolio sin juzgarla o interpretarla.

4. Cuando las aportaciones se agotan, el equipo define las que son similares o pueden ser absorbidas por otras. Con ello se reduce el número de aportaciones.

5. De las aportaciones restantes, se priorizan, las de menor aportación se eliminan.

6. Todos se comprometen con las aportaciones definitivas.

Para que el ejercicio funcione, el facilitador debe procurar que todos participen. No hay mayor jerarquía que la de las buenas ideas. Los rangos, títulos, antigüedad, relaciones o edades son totalmente irrelevantes.

Resumen

Es indispensable que los servidores aprendan a trabajar en equipo a través de comités y de enlaces cliente-proveedor. En esa cadena el cliente es el que define los estándares del servicio. Los comités deben contar con reglas claras que deben ser respetadas por todos, en especial por el líder. La lluvia de ideas es una técnica útil para extraer la creatividad del grupo. La disidencia de da antes de tomar la decisión. Las decisiones deben ser por consenso para lograr el compromiso de todos.

Capítulo 13: Enfoque a los Procesos

Cada servicio de gobierno está respaldado por un proceso y ese proceso de subdivide en etapas. La primera etapa es la solicitud del cliente, la última etapa es o debe ser el servicio al cliente. Entre la primera y la última etapa hay pasos que ejecutan uno o varios equipos: la cadena cliente-proveedor.

Atención: El proceso no es el procedimiento, mucho menos el reglamento o el manual de organización. El proceso es lo que realmente sucede no lo que la normatividad dice que debe suceder. El proceso es la radiografía más profunda de todas las actividades que componen un servicio.

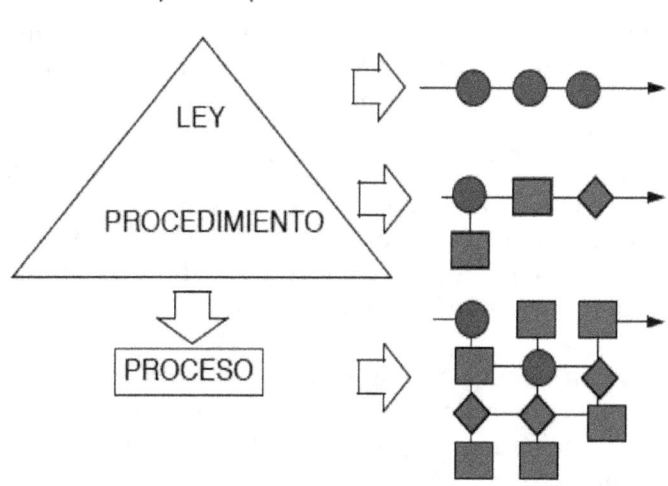

El proceso generalmente es desconocido por todos. Pocas oficinas de gobierno conocen lo que sucede en la realidad.
En administración tradicional, cada juzgado, cada enfermera, cada empleado realiza el proceso de diferente

manera. En administración de Calidad el proceso se estandariza y se ejecuta de igual manera por todos.

Los proceso deben ser diagramados y monitoreados con estadística para poder controlar las diferentes actividades y los resultados de esa actividad. Sin control estadístico es imposible llevar acabo una mejora en los servicios de gobierno.

A mayor complejidad de procesos mayor dificultad de administración y menor probabilidad de alcanzar los resultados deseados.

En una administración de Calidad es muy importante que se controlen los procesos y esto se logra con medición y estadística sobre las variables de control, es decir las variables más importantes para producir el resultado.

Para entender un proceso se utiliza un diagrama de flujo. Cada etapa es un cuadro y cada etapa se enlaza con flechas para indicar la dirección del proceso.

El diagrama de flujo es el mapa de los procesos y es vital para su rediseño. Es importante no detallar demasiado el diagrama en un principio para no perder el efecto de ver el mapa en su totalidad. Queremos ver el bosque no cada árbol. El enfoque es de lo macro a lo micro.

Es sumamente interesante utilizar esta herramienta ante el equipo pues generalmente es la primera ocasión que los integrantes observan el proceso. Antes de ello, veían sólo su pequeña parte.

Rediseño vs. Simplificación

No basta con simplificar el proceso pues esto sólo elimina algunos pasos y seguir administrando dentro de la administración tradicional. El enfoque del rediseño es mucho más radical e implica un cambio cultural.

Cuando el equipo observa un proceso en un diagrama de flujo es muy probable que si se logran los consensos necesarios el proceso sea simplificado y estandarizado, pero antes de iniciar la simplificación es importante hacerse preguntas de más fondo.

¿Quién es el cliente, el que solicita el servicio o alguien más?

¿ Es útil el proceso?

¿ El servicio está de acuerdo a lo que demanda el cliente?

¿ Realmente es nuestra misión el otorgar se servicio?

¿ No podremos eliminar el proceso por completo?

¿ El servicio se presta mejor por otra dependencia de gobierno, otra instancia de gobierno, una empresa privada o un organismo no-gubernamental?

¿ Hay una manera radicalmente diferente de hacer esto?

Estas preguntas básicas pueden llevar al equipo a hacer un verdadero rediseño del servicio de acuerdo a la misión de la dependencia y de la organización. En muchas ocasiones las preguntas no deben ser respondidas por el equipo sino por los clientes.

Sólo si el proceso es útil para el cliente y está dentro de la misión se procede a rediseñarlo. Por ello, es fundamental primero re-pensar y luego re-diseñar.

Rediseño Radical - Reingeniería

Con un diagrama de flujo el equipo puede proceder a rediseñar el proceso con el objetivo de eliminar pasos que no agregan valor al servicio.

Un ejemplo de lo que no agrega valor son las firmas de los superiores y las revisiones o inspecciones.

Variables clave a controlar en el rediseño:

- Iniciar el rediseño desde el cliente hacia atrás
- Documentar en base a la realidad no a lo supuesto o lo marcado por el reglamento
- Tiempo total de inicio a final
- Número de etapas del proceso
- Eliminar todos los pasos que no agregan valor (probablemente el 90%)
- Delegar autoridad
- Respuestas positivas y negativas(se aprobó- se rechazo)
- Momentos de la verdad
- Indicadores clave

Procesos Sencillos - Tareas Complejas

La mayoría de los procesos de gobierno son complejos (muchos pasos, muchas firmas, muchos papeles, muchas copias, muchas dependencias o departamentos involucrados) y las tareas de los servidores en cada proceso son muy simples (revisar datos, revisar firmas, verificar normatividad, rellenar formatos, estampar sellos, firmar).

Los procesos complejos provocan un mal servicio pues se pierde la identidad del responsable y el objetivo :¿Quién se encarga del proceso? ¿Quién es el cliente? ¿Por qué se hace esto?

Las tareas simples aburren al empleado de gobierno pues lo reducen a un autómata sin capacidad creativa, sin capacidad de plantear y resolver problemas. Provocan irresponsabilidad y apatía por el trabajo, por la institución y por el cliente.

Intentar simplificar procesos sin modificar estas dos variables sólo logra mejoras marginales sin grandes saltos hacia la productividad.

¿Qué debe hacerse?

La respuesta es procesos sencillos y tareas complejas. El equipo de Calidad debe enfocarse a simplificar radicalmente los procesos. A empezar de nuevo como si no hubiese ningún obstáculo de por medio (legal, político, económico, jerárquico y administrativo).

La regla del 10%

Si el proceso tiene 20 etapas, el objetivo debe ser reducirlo a 2, si el proceso tiene 100 etapas, el objetivo debe ser reducirlo a 10. Aunque en ningún caso debe descartarse la posibilidad de reducirlo a cero es decir a desaparecerlo por completo.

Para lograrlo, es obvio que los actores del proceso deben adquirir mayores responsabilidades. Los actores deben tomar decisiones, analizar situaciones complejas, responsabilizarse por su cliente y buscar oportunidades de mejora, de modificación. Para lograrlo requieren de una delegación de autoridad por parte del líder hacia los subalternos.

Ejemplo: El empleado de mostrador responde a una nueva situación - a un momento de la verdad - tomando decisiones para dejar satisfecho al cliente. Es más importante esta actitud, aunque se cometan errores, que esperar a que el jefe tenga que revisar todos y cada uno de los casos y por su demora, cometa un error más grave.

Es probable que se elimine la necesidad de supervisores o de "mandos intermedios". Por ello, un rediseño de procesos invariablemente conduce a un rediseño organizacional con efectos de reducción de niveles y de personal.

¿Cuáles procesos deben rediseñarse?

Todos los procesos deben rediseñarse pero es importante partir de los más importantes, los que afectan al cliente , los de más impacto en la misión. Para ello, es fundamental que el equipo de Calidad seleccione cuidadosamente en función de la regla 80-20 o Pareto: El 20% de los procesos que causan el 80% de los resultados de la oficina.

Resumen

El proceso es lo que realmente sucede por debajo de la normatividad. La administración de Calidad que quiera mejorar radicalmente sus servicios debe enfocarse a los procesos y aplicarles reingeniería. La simplificación de los procesos es sólo una aspirina. La reingeniería es un cambio de paradigma que ataca las causas y no los síntomas. El rediseño necesariamente implica la delegación de autoridad por parte del líder.

Capítulo 14: Herramientas

Tipo de Herramientas y Uso Práctico

Hay herramientas para controlar y rediseñar los procesos, para trabajar en equipo, para enfocarse al cliente, para la planeación y para la administración de proyectos. Todas se relacionan y se complementan. Ejemplo: El diagrama de flujo y las herramientas estadísticas se utilizan para el control y rediseño de los procesos, pero para poder rediseñar es necesario hacerlo en equipo por lo que debe usarse la lluvia de ideas.

Una vez que los miembros de la organización entienden los valores y conceptos de Calidad , es importante que se capaciten en el uso de herramientas porque son parte fundamental de la administración de Calidad. Cada nivel de la organización tiene necesidades específicas. Generalmente los niveles operativos e intermedios utilizan más las herramientas y por ende, requieren un conocimiento más profundo de ellas. En cambio los niveles ejecutivos quizá deban capacitarse en la interpretación de la herramienta más que en el uso preciso.

Ninguna de las herramientas es difícil de usar. En un principio se requiere instrucción y casos prácticos en donde el facilitador ayuda al grupo a entender su aplicación y efectividad.

Hay muchos libros al respecto. No pretendo un análisis profundo de herramientas, sólo una ejemplificación de su utilidad.

Ishikawa o Diagrama Causa-Efecto

El diagrama causa- efecto es justamente eso, un diagrama que en un extremo sitúa el efecto y en la otra, todas las causas que intervienen para producir ese efecto. Algunos lo llaman espina de pescado por su apariencia gráfica.

Es una de las herramientas más poderosas de la administración de Calidad pues permite ver el bosque y los árboles al mismo tiempo. Es útil para el diagnóstico de problemas y la planeación.

Si se desea analizar un problema entonces el efecto es negativo. Ejemplo: rezago en el trámite de expedientes. El equipo define el nombre del problema (1).

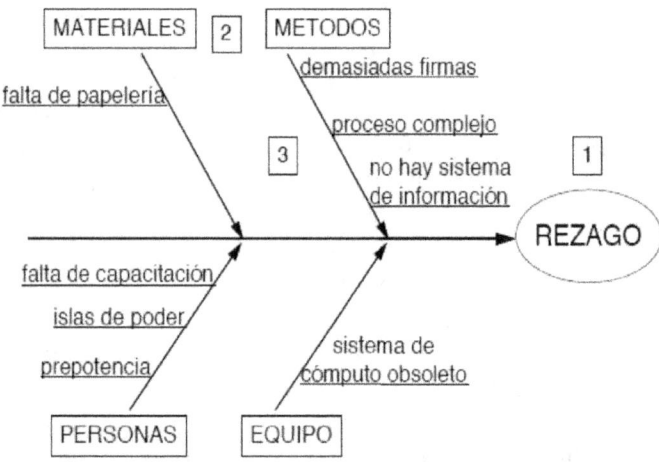

Enseguida y mediante ejercicio de lluvia de ideas, se definen las variables más importantes que el grupo considera afectan el resultado. Como ayuda puede partirse de 4 ramas básicas: materiales, equipo, personas, métodos

(2). Sin embargo, el equipo puede redefinir estas ramas según sea el caso.

Cada una de esas ramas, a su vez puede desglosarse en acciones menores o convertirse en un diagrama en sí (3).

Otra manera de utilizarlo es en ejercicio de planeación para definir las estrategias y acciones de un proyecto.

Como efecto se describe el efecto deseado. Como ramas se escogen las estrategias de ese proyecto Como desglose de las ramas se describen las acciones de cada estrategia. Utilizando el ejemplo anterior:

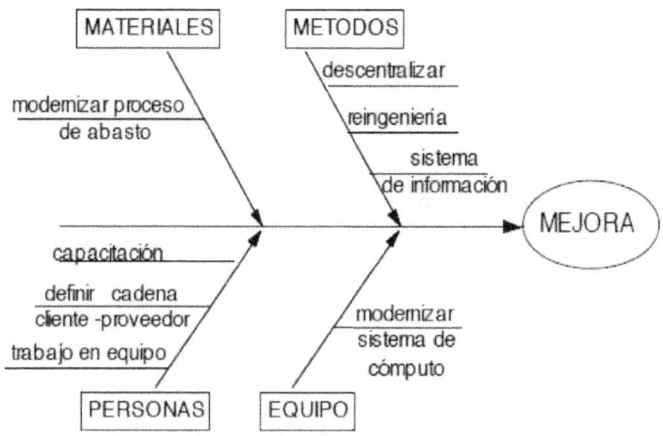

Nota: Es importante que el efecto u objetivo del proyecto sea fiel a las necesidades y expectativas del cliente. De nada sirve que el equipo haga un buen diagrama causa-efecto si no está enfocado al cliente o se basa en suposiciones sin fundamento.

Nota: Si el ejercicio es para definir el problema, el equipo no debe saltar a intentar dar soluciones. Hasta que el ejercicio de definición del problema haya terminado el equipo puede iniciar las alternativas de solución. La mente es más efectiva cuando se dedica a una sola tarea a la vez.

Histograma

Cuando se cuenta con estadística o si se quiere llegar a ella, se debe definir el objetivo de la medición (ejemplo: causas del rezago) y cada una de las ramas se definen como estratos. Hecho esto se realiza un formato que facilita el llenado.

- Demora por falta de papel 10 días
- Demora por firmas 50 días
- Demora por falla en equipo de cómputo 15 días
- Demora por solicitud mal llenada 20 días
- Otros 5 días

Con esta estadística podemos determinar la frecuencia de cada causa en el resultado.

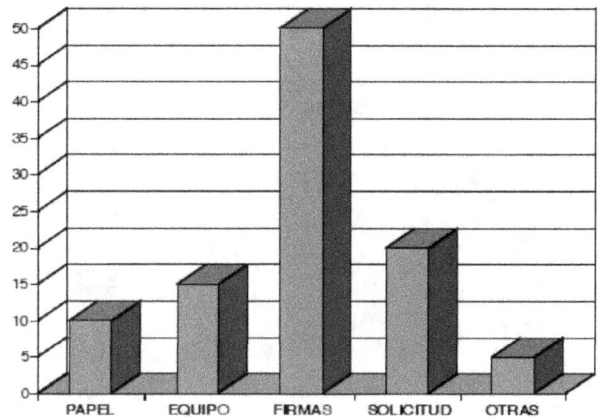

Principio de Pareto

Principio de Pareto

El principio de Pareto dice que sólo el 20% de las variables causan el 80% de los efectos, es decir, que hay unas cuantas variables vitales y muchas variables triviales.

Si se combina este principio con la estadística, se pueden encontrar las principales causas de un problema o las estrategias y acciones más importantes a realizar.

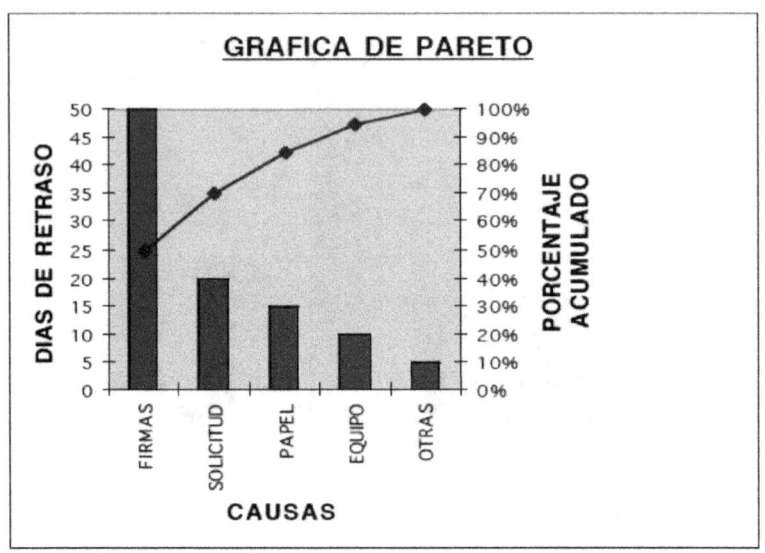

La variación de un proceso tiene innumerables causas o variables que repercuten en el resultado. El equipo seguramente conoce la mayoría de las variables si lleva tiempo en su trabajo y puede definirlas en un diagrama causa-efecto. Sin embargo no todas las variables pueden ser controladas; no todas están en manos del equipo o del responsable. Es importante describir las que si son controlables.

De esas variables controlables, no todas son importantes, generalmente hay unas cuantas variables que son vitales, estas son las que causan el 80% del resultado.

Estas variables son las verdaderas variables de control, es decir donde debe concentrase el esfuerzo para maximizar los resultados. En este ejemplo son: demasiadas firmas, solicitudes mal llenadas y deficiencia en el abastecimiento de papel.

Aun cuando no se cuenta con estadística es necesario tomar en cuenta el principio de Pareto para seleccionar las estrategias y las acciones. En este caso el equipo decide (por conocimiento, experiencia e intuición) las estrategias y las pone a prueba. Debe hacer preguntas como: ¿Realmente es importante esta estrategia? ¿Realmente cambiara las cosas esta acción?

Cuando se analiza una encuesta al cliente es importante encontrar la distribución de respuestas para identificar que es lo que más quiere el cliente. Es probable que quiera muchas acciones pero siempre habrá un 20% de acciones o resultados que son vitales.

Diagrama de Control

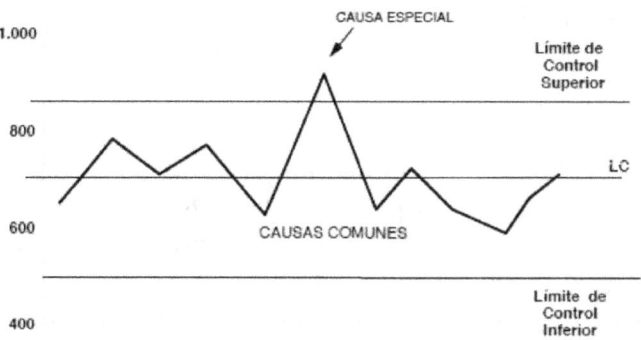

Diagrama de Control

Un diagrama de control es una herramienta estadística que ayuda a entender las causas comunes y especiales de un fenómeno a lo largo del tiempo. Tiene un límite superior de control (LSC) y un límite inferior de control (LIC). Al centro tiene la media (LC). Los límites superior e inferior están determinados por una DISTRIBUCIÓN NORMAL de acuerdo a la muestra o al universo de datos seleccionados.

211

Todo lo que está en medio de estos dos límites es una causa común y lo que esta por debajo o por encima es una causa especial. Es útil para el control estadístico de los procesos para analizar causas, planear acciones , prever épocas de conflicto, verificar resultados y sobretodo, para evitar que los responsables no agreguen más variación al proceso con exceso de actividad.

Un objetivo puede ser reducir la variación del proceso, es decir, estrechar los límites. Otro objetivo puede ser el disminuir o incrementar los resultados según sea el caso. Por ejemplo, si hablamos de contaminación o criminalidad, el equipo debe penetrar en las causas comunes del fenómeno para reducir la contaminación o los delitos cometidos. Con la ayuda de esta herramienta en Nuevo León, se redujo en un 40% el índice de robos en Semana Santa y en más de un 50% el índice de lesiones. (ver gráficas de control del Gobierno de Nuevo León en la primera parte de este libro)

DET

El DET o desglose estructurado de trabajo es sumamente útil en la planeación pues ayuda a visualizar un proyecto con sus acciones y estrategias y que define con toda precisión a los responsables de cada estrategia y cada acción.

Una vez que el equipo a definido el proyecto, los objetivos, las estrategias y las acciones, el proyecto puede desglosarse como organigrama con los responsables de cada acción y cada estrategia.

Diagrama de Gantt

El diagrama de Gantt es útil para la programación de un proyecto una vez que se han definido las estrategias y las acciones. Es útil para situar el proyecto en el tiempo y responde a la pregunta de cuándo se inicia y cuándo se termina cada estrategia y cada acción.

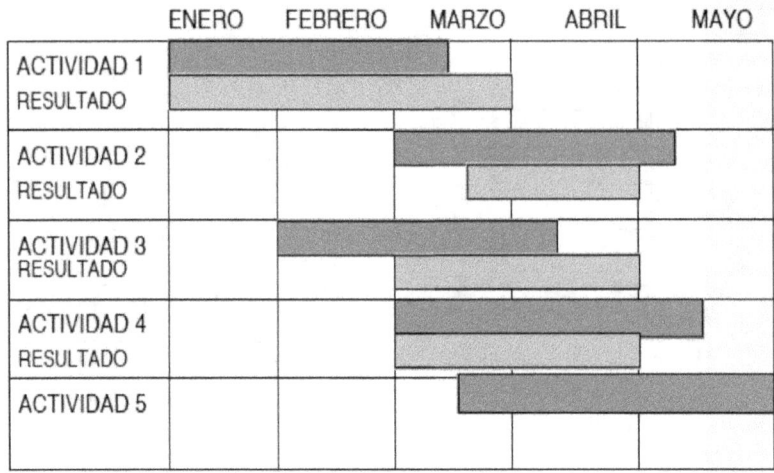

	ENERO	FEBRERO	MARZO	ABRIL	MAYO
ACTIVIDAD 1					
RESULTADO					
ACTIVIDAD 2					
RESULTADO					
ACTIVIDAD 3					
RESULTADO					
ACTIVIDAD 4					
RESULTADO					
ACTIVIDAD 5					

Este diagrama es necesario para definir cómo se requiere el flujo de recursos, es decir la presupuestación.

Debemos recordar que el orden de la planeación es:

1. Planear (qué, cómo, quién, para qué)
2. Programar (tiempo)
3. Presupuestar (con qué recursos)

El diagrama de Gantt también es útil para verificar los resultados del proyecto en el tiempo. Pues a lo planeado se le va anexando lo realmente ejecutado o terminado.

De esta manera podemos saber si el proyecto va en tiempo o va rezagado.

Diagrama de Flujo

El diagrama de flujo ya fue mencionado cuando hablamos de simplificación y rediseño de procesos. Los efectos de este diagrama son inmediatos pues cuando el equipo observa por primera vez un proceso en toda su dimensión, inmediatamente surge el deseo de rediseñarlo; el equipo entiende lo complejo y absurdo de la realidad y se pone del lado del cliente en el afán de hacer las cosas con sencillez y celeridad.

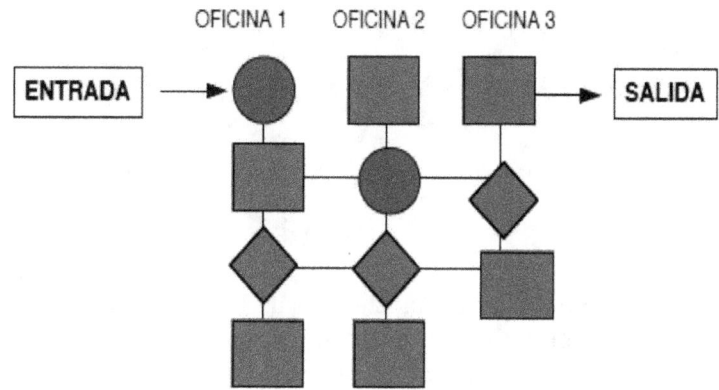

Una vez que el proceso se rediseña y queda a la satisfacción del cliente y de la organización, el diagrama de flujo sirve para estandarizar el proceso: Todo proceso se hace conforme al diagrama.

Cadena Cliente-Proveedor

La cadena Cliente - Proveedor es útil para mejorar la comunicación entre los diferentes departamentos u oficinas que intervienen en un servicio. Cada cliente de una parte del proceso es a su vez, proveedor de la siguiente etapa. La primera etapa, generalmente se refiere a un cliente externo.

En concepto de Calidad los clientes de la cadena definen los estándares del servicio. Los responsables de cada etapa se reúnen para consensar estos estándares y para comprometerse a su cumplimiento.

Matriz Cliente-Servicio

La matriz cliente - servicio es muy sencilla y sumamente útil en la etapa de diagnóstico estratégico para identificar y relacionar los clientes de la dependencia con los servicios que brinda.

MATRIZ SERVICIO / CLIENTE
POLICIA JUDICIAL

SERVICIOS	CLIENTES	Ciudadanos	Ministerio Público	Bancos	Comercio	Empresas	Dependencias	Eventos Masivos	Instituciones educativas	Funcionarios
Denuncias		√		√	√	√	√			
Investigación		√	√							
Carta No-Antecedentes		√								
Ordenes de Aprehensión			√							
Vigilancia		√		√	√	√	√	√	√	√
Conferencias		√		√	√	√			√	
Apoyo Otras Dependencias.		√					√	√		√

Diagnósticos posibles:

Cuando uno o varios servicios no está impactando en ninguna categoría de clientes; es un servicio inservible o que debe reenfocarse.

Cuando una o varias categorías de clientes no reciben servicio alguno; la dependencia debe crear servicios adicionales de acuerdo a su misión y la expectativa de los clientes.

Análisis de Fuerzas y Debilidades, Amenazas y Oportunidades - FODA

Útil para que el comité haga un listado y analice sus fuerzas y debilidades (factores internos) y sus amenazas y oportunidades (factores del medio ambiente). Puede lograrse mediante lluvia de ideas. Es importante que haya un ambiente de apertura para que los integrantes puedan hablar con libertad. Puede ser que una debilidad sea el autoritarismo del jefe o la irresponsabilidad de algún miembro. Es preferible que éste conozca estos sentimientos para que los pueda modificar.

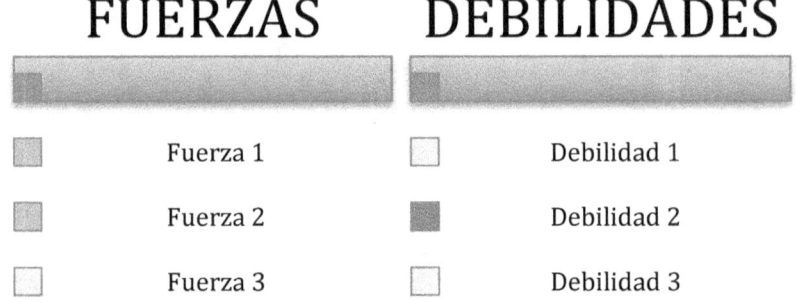

FUERZAS DEBILIDADES

☐ Fuerza 1 ☐ Debilidad 1

☐ Fuerza 2 ■ Debilidad 2

☐ Fuerza 3 ☐ Debilidad 3

Este es un ejemplo de Fuerzas y Debilidades:

DIRECCION DE SERVICIOS DE SALUD

FUERZAS	DEBILIDADES
• Módulo de información	• Ambiente social laboral
• Personal profesional capacitado y con experiencia	• Area física insuficiente
	• Sistema de archivo
• Atención con calidez	• Falta de estacionamiento
•Infraestructura, programas y procedimientos para la formación de recursos humanos "Hospital Escuela"	• Equipo médico incompleto, obsoleto y en malas condiciones
	• Sistema de control de infecciones cruzadas
• Cuotas de recuperación	
• Estímulos económicos	• Falta de mobiliario
• Comité voluntariado	• Falta de personal
•Comité de salud	• Proceso de pago burocrático e inequitativo
•Patronato	
•Actitudes positivas del personal	• Mala comunicación

De esa manera su plan debe enfocarse a reafirmar sus fuerzas, apuntalar sus debilidades, aprovechar las oportunidades y minimizar las amenazas.

Benchmarking

Benchmarking es un término de Calidad Total que significa marcar un hito, es decir hacer una referencia. En términos llanos es investigar quién esta haciendo lo mismo pero de manera eficiente; quién es el líder, el campeón de esa actividad. Consiste en hacer una visita a otra organización u oficina que ha logrado implantar la Calidad Total y está haciendo mejor las cosas.

Es una práctica muy útil para la etapa de planeación pues en la visita se refuerza la visión positiva de que el cambio es posible y se investigan las estrategias que el campeón ha seguido para lograrlo. Así mismo, es útil para fijar los objetivos y metas del plan de mejora.

Responde las siguientes preguntas:

¿Quién está haciendo las cosas mejor que nosotros?
¿Cómo lo hicieron?
¿Qué podemos copiar nosotros?
¿Qué podemos mejorar?

En efecto, hacer benchmarking es utilizar al campeón como plataforma para el propio plan de mejora. Es no tratar de inventar el hilo negro si otro ya lo inventó.

No hay nada de malo en copiar pues eso es sólo el impulso inicial; la referencia es solamente un estímulo para desarrollar la propia creatividad; la organización utilizará la referencia como plataforma para la mejora.

Ejemplo de Integración de Herramientas

Ejemplo de Integración de Herramientas

Resumen

Las herramientas de Calidad son los instrumentos de los que se vale la administración de Calidad para enfocarse al cliente, trabajar en equipo y rediseñar los procesos. Sin herramientas es difícil llevar a la práctica la administración de Calidad. Una vez comprendidos los valores y conceptos de la Calidad Total, es indispensable que los miembros aprendan a utilizar las herramientas específicas de acuerdo a su responsabilidad y ocupación. Es recomendable aprenderlas en talleres prácticos de uno o dos días y con ejemplos de la vida real. Las herramientas estadísticas no son complejas. Cualquiera puede utilizarlas.

Capítulo 15: La Verificación

Estadística

Las empresas están acostumbradas a medir su actuación pues de ello depende su supervivencia. Deben saber cómo van las ventas, cómo van las utilidades, cómo se comporta el margen de contribución, qué participación tienen del mercado, cuánto están pagando de impuestos, en fin, cómo se comportan los costos, los ingresos, la productividad y el mercado.

En el gobierno, sin embargo, no se ha desarrollado esta práctica por falta de costumbre y temores infundados.

La estadística es una herramienta útil para hacer diagnósticos precisos y para mantener el rumbo. Todo proceso debe estar respaldado con estadística

En la burocracia nadie mide y lo que se mide es sospechoso de manipulación. Los gobiernos evaden sus responsabilidades de rendir cuentas ante el miedo de ser reprendidos o evidenciados por la comunidad.

Los empleados esconden cifras y responden con generalidades y opiniones ante el cuestionamiento de sus jefes por el ambiente jerárquico. Los jefes hacen lo mismo con los superiores y todos hacen esto con la comunidad.

Ante una pregunta sencilla como ¿Cuántos delitos se cometen? El jefe de policía generalmente responde con: "pocos", "menos", "este mes ha estado mejor" o "ayer hubo tal o cual delito".

El resultado de esta actitud es que no se cuenta con estadística para planear, para verificar y para transformar la realidad.

Sin estadística sobre las variables de control, los gobiernos están ciegos, no pueden convertirse en sistemas preventivos y no pueden mejorar sus servicios. Los gobiernos en consecuencia, administran por crisis: Planean, no verifican, esperan a que surja una nueva crisis y vuelven a planear.

Sin estadística las acciones están sueltas y no se sabe si la administración avanza, retrocede o permanece igual. Mucho menos se conocen las causas del retroceso o el estancamiento y peor aun, del éxito, cuando lo hay.

Ningún gobernador, presidente, alcalde, secretario, director, jefe de departamento y auxiliar pueden evaluar su actuación si no cuenta con reportes estadísticos.

Control del Proceso

Para controlar un proceso es indispensable la estadística. Sin medición no se puede administrar, mucho menos se puede pretender una transformación.

El primer paso para controlar un proceso es la información estadística de su comportamiento. No se requiere medir todas sus variables, sólo las vitales, de otra manera se cae en el vicio de querer medir todo y perderse en una ola de información sin análisis.

Por ello es importante que el comité de Calidad escoja sus variables de control y defina lo indicadores más importantes, la frecuencia de medición y el método de medición.

La Variabilidad y el Control Estadístico de los Procesos

El resultado de los procesos varía. Hay variaciones "normales" y variaciones "anormales" o lo que Shewhart definió como causas comunes y causas especiales. La variación normal se debe a las características intrínsecas al proceso, la variación anormal se debe a una causa externa, imprevista.

Los administradores de gobierno deben ser capaces de distinguir entre una y otra. Para atacar una variación anormal el administrador debe responder de inmediato, pero para atacar una variación normal , el administrador debe penetrar en el proceso con herramientas de reingeniería. Si el administrador no sabe distinguir entre una y otra causa probablemente va a causar más variación en el proceso. Desafortunadamente, esto es más común de lo que se piensa.

¿Cómo se distingue una causa común de una causa especial? Con una gráfica de control.

Autocontrol

Lo que la administración debe buscar no es el control jerárquico de los resultados sino el autocontrol de cada una de las partes del sistema. El control jerárquico es demasiado lento pues debe esperar a que la información fluya a través de los diferentes niveles de la organización. Esto desfasa el momento de las decisiones. La decisión se toma cuando es demasiado tarde. Además, la información se distorsiona o se desvanece en los tramos de control.

En un esquema de autocontrol, por el contrario, cada parte toma las decisiones en tiempo real, es decir, cuando tiene manera de resolver o prevenir el problema.

En Calidad, la información no es para que "el jefe la vea" sino para que cada quien se monitoree de acuerdo a las metas trazadas y la variabilidad del proceso.

Por ello, no sólo es importante bajar el nivel de decisiones sino dejar que cada parte defina los indicadores que son vitales para el control. De ellos, quizá una pequeña parte será relevante para la alta administración.

Indicadores de Calidad (Satisfacción del Cliente)

La opinión del cliente es lo más importante para una administración de Calidad. Sin embargo, debe hacerse con metodología, con continuidad y como parte integral del proceso.

Para encontrar un indicador de Calidad lo mejor es conversar con un grupo de clientes. ¿Qué es lo más valioso para ellos? ¿Qué les molesta más? ¿Cuáles son las fallas más comunes? ¿Cómo les gustaría el servicio? ¿Qué sugieren?

Hecho esto, el equipo puede definir el tipo de encuesta que va a aplicar con continuidad. La encuesta debe ser sencilla y fácil de contestar sin la ayuda de ningún encuestador.

La encuesta debe realizarse como parte del proceso. Al terminar el servicio, el empleado puede establecer un pequeño dialogo con el cliente:

-¿Qué le pareció el servicio?
-¿Nos podría contestar este pequeño cuestionario? Es para mejorar el servicio.

El equipo debe analizar el resultado de las encuestas periódicamente (día, semana, mes) según la característica del servicio.

Una técnica que ayuda a dar confianza al cliente es publicitar el resultado de las encuestas en un lugar visible en el punto de contacto para que todos - empleados y clientes - puedan observar los resultados.

La información no es para que el jefe recrimine, enjuicie o regañe sino para que todo el equipo pueda ponderar su actuación a los ojos del cliente y vaya encontrando la mejor manera de eficientar su servicio.

Es más efectivo encuestar a los clientes después del servicio que hacer encuestas a la comunidad en general y cuyas opiniones están distorsionadas por los medios de comunicación.

Indicadores de Desempeño

Los indicadores de desempeño monitorean partes vitales del proceso: tiempos, costos, errores, productividad, etc.

Estas mediciones pueden ser sobre la totalidad del proceso (desde que lo solicita el cliente hasta que se le da una respuesta). Por ejemplo: Cuánto se tarda la policía en atender una llamada de auxilio; cuánto se tarda el registro civil en emitir un acta de nacimiento o cuánto se tarda una oficina de pasaportes en dar el servicio.

Cuando el proceso es muy complejo y se compone de muchas partes es conveniente desglosar la medición para cada parte con el fin de encontrar los cuellos de botella.

Ejemplo: El proceso de aprobación de un fraccionamiento

- Tiempo de recepción de papelería
- Tiempo de análisis jurídico
- Tiempo de análisis técnico
- Tiempo de resolución
- Tiempo de entrega

De esa manera se detectan cuellos de botella.

Estos indicadores son útiles para rediseñar los procesos y mejorar la productividad.

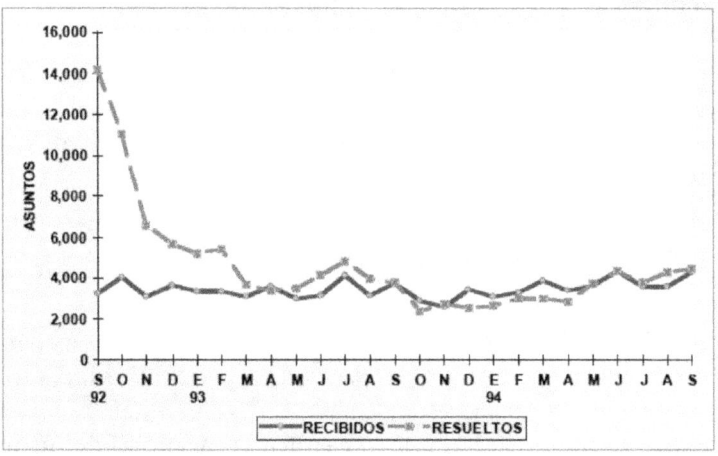

AGENCIAS DEL MINISTERIO PUBLICO
ASUNTOS RECIBIDOS VS ASUNTOS RESUELTOS

Indicadores de Resultados

Los indicadores de resultados se enfocan al resultado del proceso. Por ejemplo: los delitos, la contaminación ambiental, la mortalidad infantil, la escolaridad o el bienestar económico.

En estos casos, quizá el gobierno está haciendo muchas cosas pero los resultados son negativos. Ejemplo: Quizá está verificando la emisión de gases de más vehículos y empresas pero la contaminación de aire va en aumento. Quizá está aplicando más vacunas pero la mortalidad infantil va en aumento. Quizá ha reforzado su presencia policíaca en la ciudad pero los delitos van en aumento.

Con estas mediciones el gobierno puede eficientar el uso de sus recursos y el diseño de sus políticas.

Resumen

Un cambio de paradigma en la administración pública es la medición y la utilización de la estadística para hacer el plan de mejora y para verificar su efectividad. La medición debe enfocarse al autocontrol no al control jerárquico. Algunos indicadores generales son útiles para la alta administración y para rendir cuentas ante la comunidad. Los indicadores deben ser públicos. El control de los procesos se da a través de la estadística. Aquí está la clave del auténtico control administrativo y la creación de sistemas preventivos.

Capítulo 16: Educación y Capacitación

La administración de Calidad es hacer las cosas de una manera diferente. Esto implica nuevos valores, nuevos conceptos y nuevas herramientas para enfrentar y resolver problemas.

Es indispensable reeducar a todos los empleados desde el líder de la organización (presidente, gobernador, alcalde) hasta el empleado de limpieza.

El gobierno debe contar con su propio centro de capacitación (o centros, según sea el caso) para reeducar a su personal.

La capacitación debe darse durante las horas de trabajo. Este es un cambio de valores pues el empleado entiende con ello que la capacitación es una parte fundamental de su trabajo, no una actividad adicional.

Objetivos

Los grandes objetivos de la capacitación son:

- Sensibilizar sobre la necesidad del cambio
- Comprometer al cambio
- Apoyar el proceso de cambio
- Facilitar el cambio de cultura
- Apoyar la profesionalización de los servidores públicos - Servicio Civil de Carrera
- Lograr que la cultura "jale" el proceso en lugar de que el líder tenga que estar empujándolo constantemente

Los Valores de Calidad

La organización debe ser congruente entre lo que predica, lo que enseña y lo que hace, por tanto no puede haber desfase entre sus valores y sus herramientas. Lo más importante es que el líder de la organización muestre esos valores en todo momento. Si el líder habla de confianza, debe delegar decisiones importantes y darle poder a los niveles operativos de la organización; debe dejar que su equipo tome decisiones por sí mismo. No existe congruencia si el líder le da una responsabilidad a alguno de sus colaboradores y a la vez, no lo deja tomar decisiones.

Algunos valores de la Calidad Total son:

- Confianza
- Honestidad
- Veracidad
- Modestia
- Apertura
- Modestia
- Servicio

En gobierno, es muy típico encontrar que el jefe nunca confía plenamente en sus colaboradores. Esto se manifiesta de diversas maneras: Duplicidad de funciones, cuñas y contra cuñas (uno de confianza para cuidar al que no lo es), exceso de controles y firmas, etc.

Todo esto complica tremendamente la administración y nunca es eficaz para subsanar la desconfianza. La sugerencia es mucho más sencilla : El equipo debe estar integrado por gente confiable, si no es así, hay que cambiar de equipo o hay que cambiar de líder.

En síntesis, los valores que van a dar sustento a la administración deben definirse desde el inicio y divulgarse ampliamente. Estos valores son una guía, un criterio para tomar decisiones.

Los Conceptos de Calidad

Los conceptos son las ideas de Calidad que todos los servidores deben aprender y que constituyen el siguiente nivel de congruencia después de los valores. Algunos ejemplos son:

- Enfoque al cliente
- Enfoque a personal
- Enfoque a procesos
- Trabajo en equipo
- Medición
- Apertura y Transparencia
- Prevención
- Delegación de poder (facultación)
- Liderazgo
- Solución de raíz
- Visión de largo plazo
- Aprendizaje permanente
- Mejora Continua

Estos conceptos deben ser 100% congruentes con los valores de la organización y del líder. Ejemplo: Si hablamos de confianza, debemos entender y utilizar la delegación de poder, si hablamos de que el ciudadano es primero, debemos entender lo que significa el enfoque al cliente y aplicarlo en todo momento.

Estos conceptos deben ser aprendidos y aplicados por todos los miembros de la organización.

Las Herramientas

En un proceso de cambio hacia la Calidad en gobierno, las herramientas más comunes son:

- Lluvia de ideas
- Ishikawa
- Diagrama de Flujo
- DET
- Pareto
- Diagrama de Control
- Diagrama de Gantt
- Histograma
- Matriz Cliente-Servicio
- Encuestas
- Grupos de enfoque
- Indicadores de desempeño, resultados y Calidad

Instructores

Los instructores deben conocer bien el ambiente al que se dirigen. Si estos no utilizan el lenguaje gubernamental es muy probable que sean rechazados. El éxito de un buen programa de capacitación es que los educadores estén bien adentrados en la cultura y puedan utilizar casos de la vida real de la organización.

De preferencia, los instructores deben ser también los consultores internos de Calidad. Es decir, una parte de su tiempo es para la enseñanza, la otra, para ayudar a los alumnos en la práctica. Algunas organizaciones de Calidad les exigen a los líderes que sean ellos quienes capaciten a sus colaboradores en todo o en parte, para involucrarlos y evitar el efecto de irresponsabilidad del superior.

Como quiera que sea, el líder debe plantear problemas y manejar juntas con tecnología de Calidad para reforzar el proceso de aprendizaje.

Cursos

Es obvio que los cursos deben estar diseñados de acuerdo al objetivo del proceso de cambio. Deben ser prácticos, contener ejemplos de gobierno y muy enfocados a obtener resultados concretos.

Deben ser cursos de uno o dos días , con un objetivo específico y en forma de taller o sesión de trabajo. De esta manera el servidor afianza los conocimientos en la práctica. Una vez aprendido esto, el servidor puede continuar con el siguiente curso. De otra manera, no se le da oportunidad de asimilar y practicar lo aprendido. El objetivo no es tener especialistas teóricos sino servidores más capaces.

Capacitación Institucional y Técnica

La capacitación de Calidad debe ser complementada por la capacitación institucional: Misión, visión, objetivos de la organización, servicios, valores, organigrama, clientes, etc. Además, debe dotarse de los conocimientos y herramientas específicas del puesto: jurídicos, informáticos, investigación, pericial, urbanística, etc.

Selección de Personal

El programa de capacitación es más efectivo en la medida en que haya una definición precisa del perfil del puesto y un eficiente proceso de selección para asegurar la empatía entre el servicio y la persona. A mayor énfasis en el proceso de selección, menor inversión en capacitación y menor rotación de personal.

Resumen

El proceso de cambio debe respaldarse con un buen programa de capacitación. Los instructores deben conocer el ambiente y la cultura específica para evitar el rechazo. Los cursos deben realizarse durante horas de trabajo y en lugar apartado de la operación. El centro de capacitación debe ser de Calidad. Este es el mejor signo de que el proceso de cambio es importante. Los cursos deben ser prácticos en forma de taller. Debe darse tiempo a que los empleados aprendan y apliquen para que afiancen lo aprendido.

Capítulo 17: La Comunicación

Además del proceso formal de educación y capacitación los líderes deben estar muy conscientes sobre la necesidad de fortalecer la comunicación.

Una organización de Calidad es más eficiente que una tradicional, entre otras cosas, porque está mejor comunicada. Se conocen bien las necesidades del cliente, de los servidores y del líder de la organización.

Diagnóstico

La comunicación está fallando si:

- El cliente no es escuchado
- Un subalterno no siente confianza para dialogar con su superior
- El líder teme ser veraz con su equipo
- Un cliente no conoce los estándares de un servicio
- No hay madurez entre los co-equiperos para hacerse sugerencias de mejora
- Hay patadas bajo la mesa
- Sólo se comunican a través de oficios y escritos
- No hay tiempo para conversar con los colaboradores
- Los procesos no fluyen
- La voz del cliente no mejora los procesos
- El cliente no tiene opciones para decidir
- Los servidores se enteran de lo que acontece en gobierno por los medios

Cambio de Procesos y Cultura

Nunca se puede sobre-comunicar pues la mayoría de los problemas se deben a una mala comunicación. La comunicación es la base de una organización de Calidad, es la materia prima. Esa comunicación debe ser sumamente ágil, veraz y precisa. Por ello, el líder debe abocarse a reforzar la comunicación interna y externa. Los canales deben estar libres de toda interferencia como el temor, el exceso de formalidad, el exceso de niveles organizacionales, la jerarquía y el deseo de control sobre los demás.

Para lograrlo es necesario cambiar la cultura y cambiar los procesos. Los procesos deben ser abiertos y transparentes. La cultura debe ser de confianza y respeto.

La única advertencia quizá es no crear expectativas que no se pueden cumplir tanto hacia el interior de la organización como hacia los clientes. Esto es más un problema de matiz del lenguaje que de comunicación. Ejemplo: No se puede lanzar un compromiso si se sabe que hay un enorme riesgo de incumplimiento; en cambio, sí es válido compartir la preocupación para aceptar sugerencias de los demás.

Romper Barreras Internas

Internamente, la organización debe romper barreras entre departamentos, reducir la formalidad y la jerarquía, fomentar la cadena cliente-proveedor de los procesos y reducir los tramos de control.

La comunicación no se resuelve con publicaciones internas, exhortaciones al personal o campañas publicitarias, se resuelve rediseñando a fondo la organización y los procesos. Sólo así se logra un verdadero cambio de cultura.

Resumen

Una organización de Calidad es una organización bien comunicada internamente y hacia afuera. Constantemente atiende la voz del cliente y de los colaboradores. El líder debe buscar abatir las barreras horizontales y verticales. La comunicación debe estar exenta de distorsiones como el temor, la desconfianza y el exceso de formalidad.

TERCERA PARTE: LA MEJORA CONTINUA

Capítulo 18: La Mejora Continua y las Variables de Control

¿Cuándo se da esta Etapa?

La etapa de la mejora continua se da cuando una organización ha aprendido a administrar con Calidad; ha aprendido a anticiparse a los problemas, a escuchar al cliente, a enfocarse a los procesos y hacer reingeniería, a trabajar en equipo y a monitorearse a través de indicadores. La cultura de la organización ha cambiado y empieza a dar resultados cuantificables que impactan favorablemente en la comunidad. La organización se ha preocupado por su cliente y ha realizado proyectos, estrategias y acciones tendientes a la mejora de acuerdo a ese diagnóstico inicial.

En ese momento, la organización hace un corte de caja y se cuestiona desde el punto de vista del cliente:

¿Ha mejorado el servicio?
¿Hemos cumplido con las metas?
¿Impactamos sobre nuestra misión?
¿Qué dicen los indicadores?
¿Se están cumpliendo las necesidades y expectativas del cliente?
¿Qué nuevas oportunidades de mejora existen?
¿Cómo podemos mejorar esto?
¿Qué nuevos proyectos son necesarios?

Las respuestas a este cuestionamiento llevan a la organización - de nueva cuenta - a la etapa de la planeación estratégica, a detectar nuevas oportunidades y realizar nuevos proyectos. La organización desea, anhela y provoca el cambio de acuerdo a la opinión de sus clientes. Se anticipa al futuro o mejor dicho, crea el futuro deseado.

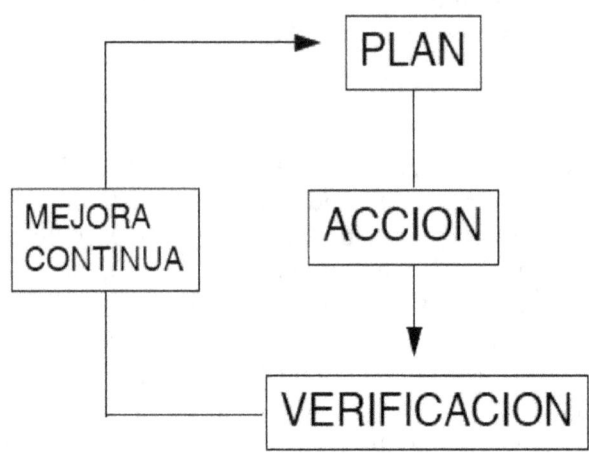

De otra manera, la organización se duerme en sus laureles y el éxito inicial se convierte en fracaso.

Muchos interpretan esta etapa como de avances marginales, en vista de que con la reingeniería inicial se hicieron los grandes cambios. Esto no es cierto. La organización puede seguir haciendo grandes avances e incluso repreguntarse su misión y visión, su mercado, su negocio, sus factores de éxito y sus estrategias. Igualmente, es muy probable que siga teniendo grandes oportunidades de rediseño de procesos con reingeniería. En síntesis no es momento de reducir la velocidad del cambio, por el contrario, es momento de afianzar el rumbo y acelerar el paso.

Mucho del éxito logrado debe amarrarse con leyes, reglamentos, manuales de proceso, de procedimiento y organizacionales, compromisos expresos con el cliente y consensos internos. No con el fin de volver a la inamovilidad sino con el fin de crear una plataforma para seguir avanzando.

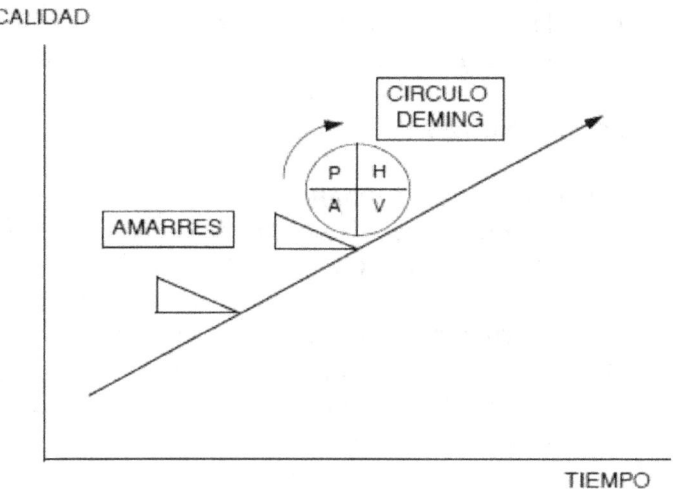

Liderazgo

No siempre es fácil convertirse en líder. Se requiere de mucha madurez y capacitación para entender el nuevo rol. Sin buenos líderes es imposible afianzar el proceso de cambio y la cultura de Calidad.

Cada quien es líder a su nivel y existen diferentes tipos de liderazgo. Hay líderes formales, informales, visibles, ocultos, reales y potenciales.

Es importante conocerlos y semblantear sus inquietudes. Un mal líder impacta en el ambiente interno y en la imagen externa de la organización. Este proceso debe realizarse científicamente. No se pueden tomar decisiones por rumores, opiniones no fundadas o impresiones generales.

Es momento de monitorear el ambiente laboral, la capacidad del equipo, las ataduras que aun previenen el cambio y la capacitación , comunicación y consensos necesarios para el cambio. Ante todo, debe haber un buen mapeo de quiénes son los líderes de la organización y cuál es su sentir, ya que lo que ellos opinen impacta fuertemente en el resto de la organización. En pocas palabras, los líderes son los canales de comunicación de toda la organización y a la vez, son factor de éxito o de fracaso. Por ello es necesario aliarse con ellos para lograr el cambio.

Los líderes pueden estar conformes o inconformes. La inconformidad puede ser legítima o ilegítima. Puede resolverse con comunicación y acercamiento o quizá requiera actividad de fondo, corregir una situación estructural. Un problema muy común en gobierno es el de un líder autócrata que no permite el crecimiento del resto de los líderes de la organización o del personal en general. Esto es un gran obstáculo.

El líder debe focalizar las áreas de oportunidad y diseñar un plan de mejora. Los cambios resuelven algunos problemas pero a la vez, generan nuevas inquietudes. Esas inquietudes deben resolverse para asegurar la eficiencia.

Apalancamiento hacia la Calidad

El líder debe asegurar que los recursos se dirijan constantemente hacia el plan estratégico. El proceso de planeación - presupuestación - control presupuestal - administración de proyectos debe lograr la mayor rentabilidad social.

En la etapa de planeación debe asegurar:

Enfoque al cliente

Cada vez que la organización hace un plan sea estratégico, de contingencia o circunstancial, debe asegurarse que la voz del cliente sea el cimiento del plan. Si la dependencia ya ha realizado su ejercicio de planeación estratégica, la planeación será más fácil pues la organización entiende bien a sus clientes. Si es una área de contacto directo y existe un módulo de atención al cliente, el personal del mismo tiene mucha información valiosa que atender.

Alineación estratégica

La planeación anual del gobierno o la elaboración de un proyecto específico deben estar alineados a la planeación estratégica, es decir a la misión, visión, objetivos y grandes estrategias de la organización.

Proceso participativo y trabajo en equipo

La planeación siempre debe ser hecha en equipo y con la participación de la mayor cantidad de personal, sobretodo, asegurando el enriquecimiento por los niveles operativos. La regla es que los niveles superiores diseñan las estrategias y los inferiores las acciones, pero esta regla debe ser flexible pues quien está al frente de la operación - por su contacto con el cliente y con el proceso - en ocasiones tiene más sentido de estrategia.

Validación vertical

El plan debe validarse verticalmente. Se inicia arriba, se enriquece abajo y se revisa arriba. Sólo así se asegura el enriquecimiento del mismo.

Objetivos y metas alineados, factibles y medibles

Los objetivos y metas de los nuevos proyectos, al igual que en la etapa de planeación inicial deben clarificar con precisión los objetivos y metas deseadas. Estos deben estar alineados a la gran estrategia de la organización, deben ser factibles y medibles.

Determinación de responsables, costos y beneficios

Sea gasto corriente o gasto de inversión, los proyectos deben contener los recursos necesarios que se requieren para su realización, el responsable directo del proyecto y los beneficios del proyecto sean económicos, sociales o ambos.

En la etapa de presupuestación debe asegurar:

Relación adulto-adulto

El presupuesto es una toma de decisión que elige los proyectos a realizar y los recursos financieros que se le asignan. La toma de decisión no puede recaer, como generalmente sucede en gobierno, en unos cuantos funcionarios. La decisión debe ser tomada en equipo y con amplio espacio para la negociación. El líder del proyecto debe tener la oportunidad de plantear y defender su proyecto.

Asignación eficiente de recursos

El equipo interdisciplinario que integra el comité de finanzas debe juzgar por criterios objetivos de costo-beneficio, rentabilidad económica y rentabilidad social, no de minimización de gasto, como suele suceder. Los gobiernos están obligados a maximizar la utilidad social de su gasto en función de los ingresos estimados.

Creación de centros de responsabilidad

El presupuesto debe descentralizarse y detallarse a nivel centro de responsabilidad, es decir, de líderes de proyecto. Estos centros generalmente están en el tercer o cuarto nivel de la organización y no en la cúspide como generalmente se supone. Los administradores públicos deben aprender a otorgar recursos a los verdaderos responsables.

Ejercicio participativo

Si la toma de decisiones para realizar el presupuesto no es un ejercicio participativo, la motivación de los líderes de proyecto decae y la energía de la organización se pierde.

Gasto corriente en gasto productivo

Los gobiernos debe aprender a proyectar su gasto corriente o gasto administrativo. Todos esos recursos que se gastan en nomina, renta, papelería, equipo y servicios son vitales para cumplir con la misión, visión y proyectos de la organización. Si no están enfocados a servir al cliente mediante proyectos estructurados, generalmente se desperdician.

Una sola negociación

Es muy desgastante para las tesorerías y el resto de las dependencias el estar negociando en todo momento. El momento para negociar es en la elaboración del presupuesto y una vez concluido, las dependencias deben enfocarse a lograr sus metas y la tesorería a surtir los recursos financieros necesarios.

Transferencia entre partidas y a ejercicios futuros

El proceso de control presupuestal debe dar confianza a los líderes de proyectos y autorizar la transferencia de partidas justificadas. De esa manera el líder puede reasignar su presupuesto de acuerdo a los ahorros y la optimización de gasto que haya logrado. Si no se da esta oportunidad, los líderes se convierten en simples tramitadores y están muy dispuestos a gastarse todo el presupuesto para no perderlo.

La administración presupuestal debe buscar:

Contabilidad administrativa y fiscal

El proceso de control presupuestal debe preocuparse no sólo de la contabilidad fiscal - la cuenta pública - ante el poder legislativo, sino fundamentalmente del soporte de la misma que es la contabilidad administrativa.

Todos los desfases de la contabilidad administrativa repercuten en la fiscal. Además, la contabilidad administrativa es la que asegura una buena administración de proyectos y por tanto, la eficiencia de la acción, el cumplimiento de las metas, el efecto en el plan estratégico.

En el gobierno generalmente se preocupan por aplicarle cosmético a las cuentas, tapar los errores administrativos y presentar una buena cara . Este enfoque es anacrónico.

Sistema de información en tiempo real

Para lograr un buen control es necesario un sistema de información en tiempo real que haga posible la formación de centros de responsabilidad. En esa base de datos se registran todos los movimientos para que el líder de proyecto pueda administrar con eficiencia y oportunidad.

Los gobiernos que no cuentan con este tipo de sistemas y la información entorpecen la administración del gasto y de los proyectos.

Auto-control

Un buen sistema de información con decisiones delegadas fomenta el control más fuerte con el que puede contar una organización: El autocontrol. Cada parte se vigila así misma y los desfases se nulifican.

Sistema transparente y contraloría total

El sistema de información es transparente, cada parte puede revisar como se ha afectado su presupuesto por lo que se convierte en un muy eficiente vigilante de lo que el área de compras, servicios, patrimonio y tesorería hacen con su dinero.

Esto equivale a una contraloría total del gasto público que mucho ayuda al buen manejo de las finanzas públicas.

Estadística

La estadística que el sistema de información genera, detecta con suma precisión áreas de oportunidad para optimizar el gasto y garantiza que en años posteriores se realice un presupuesto real.

Programa de pagos

Una ventaja adicional de un buen sistema de control presupuestal soportado con un buen sistema de información en tiempo real es el de la programación de pagos a proveedores. Con ello, se logra una relación de Calidad con proveedores, se mejora la imagen de gobierno y se evitan los sobreprecios que los proveedores agregan para enfrentar la incertidumbre del pago. Esto ayuda al área de compras a realizar mejores negociaciones.

La administración de proyectos debe asegurar:

Enfoque a lo importante no a lo urgente

Cuando se ha hecho un buen ejercicio de planeación y de presupuestación, y se cuenta con un sistema eficiente de control de gasto, la organización puede dedicarse a lo importante. Dedicarse a cumplir los proyectos es la mejor manera de evitar crisis, dispendios de tiempo y de dinero.

Los líderes dejan de distraerse con cuestiones operativas, retrabajos, control jerárquico y costos de Calidad.

Lograr el cambio

Si los proyectos se administran con eficiencia, se logra el cambio deseado y la organización se convierte en una auténtica administración de Calidad con un gran beneficio social para la comunidad.

Verdadero responsable

Los responsables de los proyectos son los responsables del control presupuestal. Esto provoca un gran cambio en la capacidad de gestión administrativa de la organización.

Auto-control

Los líderes de proyectos aprenden a monitorear metas y presupuesto y logran un control eficiente que asegura éxitos a toda la organización.

Indicadores: dinero y metas

El uso de indicadores para la administración de proyectos es la mejor manera de monitorear el grado de avance y efectividad de la acción emprendida. El líder del proyecto y su equipo pueden utilizar los dos grandes indicadores: recursos invertidos e impacto sobre las metas.

Cambio Cultural

El líder debe enfocarse a asegurar el cambio cultural a través de la concientización, la comunicación y la capacitación permanente.

Comunicación horizontal y vertical

El líder debe asegurarse que la comunicación vertical y horizontal sea rápida, limpia y efectiva. Los diferentes departamentos deben trabajar en equipo para asegurar que los procesos sean eficientes. Los encargados de tratar con el cliente deben ser capaces de impactar sobre el resto de la organización por su contacto estratégico con el cliente. Los líderes deben estar cerca de los éxitos y fracasos del resto de la organización, asegurar que toda la organización conoce el rumbo deseado y estar pendiente de las necesidades de sus clientes internos.

Pocos niveles

La administración es más fácil entre menos niveles y departamentos existan. Por ello, en la etapa de la mejora continua deben buscarse rediseños organizacionales basados en la reingeniería de los procesos y con el fin de reducir los tramos de control y delegar la autoridad.

Ambiente laboral

Un buen ambiente laboral es producto de un esquema participativo en donde el servidor es valorado por su capacidad de resolver problemas y agregar valor a los procesos, no por su capacidad de acatar órdenes.

También es producto de un sistema de remuneración que sea competitivo contra el exterior y sea equitativo en lo interno. El líder debe asegurar que el 100% del personal se encuentre dentro del tabulador de sueldos. Una vez cumplido este objetivo, debe buscar sistemas de compensación atados a la productividad, desempeño y satisfacción del cliente.

No sólo de sueldo vive el hombre, por ello el líder debe reconocer continuamente los esfuerzos de cambio del personal . Esto puede hacerse de manera individual, aunque es preferible hacerlo a equipos para fortalecer la nueva cultura de cooperación, no de competencia.

Por último, debe asegurarse de que el personal se está capacitando para sustentar el cambio de cultura con nuevos conocimientos.

Método

El método de cambio es la guía que ayuda al cambio. El líder debe asegurar un buen modelo de cambio que todos entiendan y todos apliquen.

La metodología apropiada asegura el éxito. Es la herramienta que el personal requiere para hacer mejor su trabajo. Muchos líderes de gobierno sólo angustian o confunden a su personal pues los exhortan a realizar mejor su trabajo con frases y eslóganes sin dotarlos de herramientas y conocimientos necesarios para lograrlo.

Afortunadamente, hay mucho material al respecto por la revolución administrativa que se está realizando en las empresas. Esos modelos de la iniciativa privada que hablan de Calidad Total, Reingeniería, Benchmarking, enfoque al cliente, control estadístico y demás, son utilizables en el sector público con la advertencia de que debe ser adaptadas al negocio de la rentabilidad social que es el gobierno.

El método debe ser sencillo y fácil de aplicar. Debe ponerse a prueba, verificar su utilidad y hacerle los ajustes necesarios. Una vez hecho esto, es necesario estandarizarlo.

Medición

No podemos dejar de insistir en uno de los más graves rezagos del sector público: la falta de medición. El líder debe asegurar que cada parte de la organización utilice indicadores de desempeño, de resultados y de Calidad (la voz del cliente) para planear y verificar sus proyectos. Cuando cada parte utiliza la estadística para auto-controlarse, se evitan sorpresas desagradables, se pueden hacer compromisos con la comunidad y se pueden asegurar los resultados. La organización debe contar con indicadores de operación , de administración y estratégicos para ser efectiva. Sólo así se demuestra la rentabilidad social del gobierno.

Resumen

La mejora continua es la etapa en que la organización ya ha iniciado el cambio y se enfoca por una parte a afianzar lo alcanzado y por la otra, a buscar nuevas oportunidades de mejora. No se debe perder el enfoque de cambios radicales.

Capítulo 19: El Amarre Cultural

El amarre cultural es la mejor manera de asegurar la permanencia del esfuerzo y del cambio hacia la Calidad. Para lograrlo hay que tomar en cuenta a tres actores fundamentales: los clientes internos, los clientes externos y los dueños del negocio - la comunidad.

Cliente Interno

La cultura de la organización cambia y con ello se logra que el proceso de cambio hacia la administración de Calidad no se caiga. Cuando los servidores públicos aprenden a administrar con Calidad, difícilmente están dispuestos a regresar a un sistema jerárquico que no da beneficios ni a la organización ni a la comunidad.

Los servidores se vuelven eficientes y rescatan su dignidad. Esa energía de sentirse útil es tan poderosa que ni un líder perverso puede destruirla.

Es difícil transformar la administración tradicional en administración de Calidad, pero una vez afianzada es más difícil cambiarla. La razón es muy sencilla, la administración de Calidad es más natural (más humana) pues está diseñada de acuerdo a la manera en que pensamos y sentimos los seres humanos.

El 16% del personal siempre está dispuesto al cambio. Son los líderes innovadores. Otro 16% siempre se opone. En medio hay una gran mayoría que gradualmente - y con el ejemplo de los líderes - se va afiliando a la nueva manera de hacer las cosas. Una vez que se logra una mayoría temprana, se ha asegurado la masa crítica (50%) que - con su inercia - convence al resto.

En este enfoque, debemos recordar que en los niveles operativos hay más disposición al cambio. Por tanto, el sindicato debe ser el mejor aliado y posiblemente, el agente de cambio más poderoso.

Cliente Externo

Los gobiernos o dependencias públicas que están haciendo el esfuerzo hacia la administración de Calidad deben aliarse con su cliente externo para acelerar el proceso y asegurar el cambio cultural.

Para lograrlo, es necesario dar signos visibles de que el cambio va en serio y de que no se trata de una moda más o un esfuerzo político para obtener reconocimiento fácil.

Es necesario informar al cliente y hacer compromisos de servicio. Es necesario fijar estándares de tiempo y Calidad en los servicios. Incluso, es necesario auto penalizarse en caso de que no se cumplan los estándares. Sólo con ejemplos positivos de buen servicio es como el cliente se convence de que hay un proceso positivo que debe ser apoyado.

Cuando los servicios se eficientizan, difícilmente estará dispuesto el cliente a soportar un mal servicio. Esto asegura que los nuevos líderes que lleguen a la organización se aboquen a la Calidad.

La Comunidad

No todo los miembros de la comunidad son clientes directos de los servicios de gobierno. Sin embargo, todos, por ser ciudadanos y pagar impuestos son los dueños del negocio.

La mejor manera de asegurar la administración de Calidad en gobierno es enterando a sus dueños de la intención y los resultados. Esto se logra, igualmente, con signos visibles del cambio.

No es fácil llevar el tema de Calidad a la comunidad y tampoco es fácil convencerla si el proceso no genera historias de éxito. Por ello, es preferible no crear demasiadas expectativas y dejar que la mejora de servicios vaya hablando por sí misma.

Resumen

El amarre cultural es más fuerte que la normatividad y la documentación de los procesos. Ese amarre se logra con los clientes internos, los clientes externos y la comunidad a través de la mejora del ambiente de trabajo y de los servicios.

La administración de Calidad es más difícil de echar abajo pues va de acuerdo a la inteligencia y emoción de los seres humanos. Puesto que el nivel operativo es el más dispuesto al cambio hacia la Calidad, el sindicato puede y debe ser un agente de cambio poderoso en el proceso. La comunidad es la dueña del negocio llamado gobierno. Debe estar informada del proceso de cambio. La mejor manera de lograrlo es a través de las historias de éxito que un gobierno de Calidad genera.

CUARTA PARTE: COMO INICIAR EL PROCESO

Capítulo 20: Los Primeros Pasos

Actuar de inmediato

No se puede esperar. Si ha llegado en su lectura hasta aquí es porque usted desea hacer un cambio. Ese es el inicio. Si las cosas no funcionan en su trabajo, cámbielas. Usted, cualquiera que sea su nivel, es líder a ese nivel y puede lograr un gran beneficio para su organización.

Ya no hay espacio para las visiones negativas, para la autocompasión y para las excusas. Usted debe empezar el cambio. Haga su plan inicial de Calidad:

Comité de Calidad

Forme un comité de Calidad con su equipo natural de trabajo. Comuníqueles su inquietud, compártales su preocupación. Escuche sus sugerencias. No se derrote si pocos le entienden en un principio. No se vuelva dogmático, utilice sus mejores dotes de líder para convencerlos. No actúe como líder tradicional conviértase en líder de Calidad, todos se lo agradecerán.

Benchmarking

Quizá lo primero que usted debe hacer después de integrar su equipo es visitar un gobierno o una oficina de gobierno que ya este trabajando en Calidad. Esa es la mejor manera de convencerse de que el cambio es factible y esto le generará ideas y estrategias para lograr el cambio.

También puede invitar a un consultor o a un buen líder de Calidad a exponer su experiencia ante usted y su equipo. Esto creará mucha conciencia de la necesidad del cambio e irá perfilando la estrategia.

Metodología

Hay mucha literatura al respecto. Este libro es parte de ella. Involucre a su equipo y compañeros de trabajo en la tarea de definir la mejor metodología para lograr la administración de Calidad. Póngales a su alcance libros, escritos y videos sobre del tema.

Facilitador

Es necesario contar con un consultor externo que sirva de facilitador en el proceso de cambio. El experto externo ha vivido muchos procesos similares y no se involucra en los juegos de poder de la organización.

Escoja al más práctico, al que tenga en su portafolio la mayor cantidad de historias de éxito de sus clientes. La experiencia vale mucho más que los conocimientos académicos.

Si no tiene presupuesto, busque un facilitador que sea amigo o que esté dispuesto a hacer labor social. Investigue la posibilidad de financiamiento para este tipo de proyectos de mejora.

Ejercicio de Planeación Estratégica

Inicie su ejercicio de planeación estratégica. Empiece por un buen diagnóstico. No escatime recursos en conocer a su cliente, él es su principal aliado pues desea un mejor servicio. Conozca a fondo sus fuerzas y sus debilidades, sus amenazas y oportunidades.

Plan de Mejora

Ante un buen diagnóstico el equipo estará más preparado para definir la misión y visión, los objetivos, los factores de éxito, las grandes estrategias, los indicadores y las metas. Hágalo bien. No escatime tiempo en esta etapa, no quiera empezar a cambiar si no sabe bien hacia dónde va. Tampoco aspire a la perfección, la perfección no existe; quien mucho piensa y repiensa, generalmente tiene miedo de actuar. Recuerde que entre más participativo sea el plan, estará más completo. Deje espacio para que toda la organización contribuya.

Ponga mucho énfasis en las metas y en los indicadores necesarios para monitorear los resultados.

Capacite a su Personal

Haga un plan de capacitación. Defina con claridad las habilidades que se requieren aprender para administrar con Calidad.

Capacítese y capacite a su equipo. No tome cursos pesados y largos con fines académicos. Busque quien le pueda dar capacitación práctica en módulos breves y metodología de aprender haciendo. Mucha teoría es perjudicial, la gente se confunde y no sabe como ponerla en práctica. Busque material relacionado con administración de Calidad aplicada a gobierno para evitar el shock cultural.

De oportunidad al equipo de poner práctica lo aprendido para afianzar los conocimientos antes de tomar el siguiente curso.

La capacitación debe ser durante horas de trabajo y en total aislamiento a la operación diaria. Ese es el mejor signo de que capacitarse es una tarea importante y el mejor signo de un líder comprometido con la Calidad.

Si el tamaño de la organización lo justifica, forme su propio centro de capacitación. No escatime recursos. El centro debe ser de Calidad.

Resumen

Actúe de inmediato. Visite organizaciones de éxito. Digiera la literatura. Converse con el que ya recorrió el camino. Pida ayuda. Haga su plan estratégico. Haga un plan de capacitación práctico y funcional. En lo posible, utilice material diseñado para sector público.

CONCLUSIÓN: LA VISIÓN DE UN MÉXICO COMPETITIVO

Visión positiva

México está urgido de una visión positiva. Cada vez que estamos cerca de la orilla, nos arrastra la corriente hacia una nueva turbulencia, hacia una nueva crisis, hacia otro tropiezo que exige mayores sacrificios. Sacrificio que la sociedad mexicana considera estéril porque es como el mito de Sísifo: Los problemas se repiten.

Para salvar la orilla es necesario levantar la vista y ver más lejos. Nadie se sacrifica para salir de una crisis o corregir un error del pasado, se sacrifica por un mejor porvenir para él y para sus hijos. El sentido de la crisis esta en la gran oportunidad de corregir errores estructurales y mejorar.

Ese futuro debe ser positivo. Cometemos el error de dar círculos sobre nuestra miseria. De recalcar nuestras deficiencias y defectos, de lamer nuestras heridas, de justificar nuestro fracaso. Ese es un grave error, es enfocarse hacia el pasado.

Criticamos constantemente y culpamos a todos de la situación sin ponernos a considerar lo que cada uno de nosotros puede hacer. Proyectamos nuestra sombra sobre otros en lugar de enfrentarla y trascenderla. Esa es una labor estéril que al final nos deja más vacíos. Es reforzar la impotencia.

El futuro no consiste en salir de la crisis. Ni siquiera en retornar al crecimiento. Es algo mucho más grande que eso. Es adueñarnos de la situación, encontrarle sentido a la existencia y crear nuestro propio futuro.

Entre otras cosas, México requiere:

• Un Gobierno competitivo que facilite la actividad privada
• Servicios públicos de valor agregado
• Seguridad pública y sistema judicial confiable
• Entorno estable que facilite la planeación de largo plazo
• Empresas productivas y competitivas a nivel mundial
• Educación de Calidad a la par con la de los países desarrollados
• Política democrática de cooperación no de enfrentamiento
• Participación ciudadana en decisiones vitales para el país
• Partidos con enfoque al cliente, no al poder
• Medios masivos objetivos y útiles
• Medio ambiente sano
• Menor desigualdad en el reparto de riqueza
• Calidad de vida para todos
• Desarrollo sostenible

Ese y más, es el futuro de México si así lo visualizamos los mexicanos. En nuestras manos y en las de nadie más está la creación de ese futuro. Cada uno de nosotros tiene una misión que cumplir.

Gobierno de Calidad

No podemos alcanzar ese futuro si entre otras cosas, no logramos un gobierno de Calidad que contribuya a la creatividad productiva de los individuos y las organizaciones. La ineficiencia del gobierno por su esquema de administración tradicional, seguirá impidiendo que los servidores públicos logren el cambio.

Como país, podemos tener una gran ventaja comparativa para competir en el exterior si logramos gobiernos estatales, municipales y federal de Calidad. Como servidor público o como cliente de gobierno podemos hacer el cambio. Ayudar a encontrar el camino es la misión de este libro.

Liderazgo

Para alcanzar un país requerimos líderes de Calidad. Usted es líder en lo que hace. Enfóquese a ello. Olvídese de las variables que usted no controla y abóquese a cambiar las que están en sus manos. Tome control de su vida y de sus circunstancias y ejerza su visión positiva y su capacidad de estrategia en los demás. Se sorprenderá de lo valioso que es para la transformación de su vida y la de su país. Un ejemplo positivo influye y neutraliza 90 mil ejemplos negativos.

BIBLIOGRAFÍA

- BALL, BELINDA & BEST , BRUCE Y OTROS AUTORES; IMPROVEMENT TOOLS ; TOTAL QUALITY TRANSFORMATION (QIP, Inc. and PQ Systems, Inc. Ohio, 1993, 7a edición.)
- BOZEMAN, BARRY Editor ; PUBLIC MANAGEMENT, The State of the Art, (Jossey-Bass Publishers, San Francisco, 1993, 1a edición)
- BRYSON, JOHN M. STRATEGIC PLANNING FOR PUBLIC AND NON-PROFIT ORGANIZATIONS, A Guide to Strengthening and Sustaining Organizational Achievement (Jossey-Bass Publishers, San Francisco, 1988, 1a edición)
- CARLZON, JAN; LOS MOMENTOS DE LA VERDAD ( )
- CARR, DAVID K & LITTMANN, IAN D.; EXCELLENCE IN GOVERNMENT, Total Quality Management in the 1990s (Coopers & Lybrand, Arlington, Virginia, 1992, 2a edición)
- CHAMPY, JAMES & HAMMER, MICHAEL; REINGENIERIA (Editorial Norma S.A. , Bogotá, 1994, 1a edición)
- DEMING, W. EDWARDS; OUT OF THE CRISIS ( )
- DEMING, W. EDWARDS; THE NEW ECONOMICS, For Industry, Government, Education (MIT, Cambridge, 1993, 1a edición)
- DRUCKER, PETER F ; LAS NUEVAS REALIDES ( )
- FRANKL, VICTOR E. ; EL HOMBRE EN BUSCA DE SENTIDO (Editorial Herder, Barcelona, 1994, 16a edición)
- GAEBLER, TED & OSBORNE, DAVID; REINVENTING GOVERNMENT, How the Entrepeneurial Spirit is Transforming the Public Sector (Addison-Wesley Publishing Company Inc. , Massachusetts, 1992, 1a edición)
- GRANT, ROBERT M. CONTEMPORARY STRATEGY ANALYSIS, Concepts, Techniques, Applications (Blackwell, Massachusetts, 1994, 6a edición)
- IMAI, MASAAKI; KAIZEN The Key to Japan's Competitive Success (Mc Graw-Hill, USA, 1986, 1a edición)
- INDICADORES DE CONTROL; CECAL; GOBIERNO DE NUEVO LEÓN (Monterrey, Nuevo León, 1995)

- ISHIKAWA, KAORU; ¿QUE ES CONTROL TOTAL DE CALIDAD? La Modalidad Japonesa (Grupo Editorial Norma, Bogotá, 1992, 5a edición)
- JUNG, CARL G. ; MAN AND HIS SYMBOLS (Dell Publishing, New York, 1968)
- JURAN, ( )
- MAC 1; CECAL; GOBIERNO DE NUEVO LEÓN (Monterrey, Nuevo León, 1994)
- MAC 2 ; CECAL; GOBIERNO DE NUEVO LEÓN (Monterrey, Nuevo León, 1994)
- MAC 3 ; CECAL; GOBIERNO DE NUEVO LEÓN (Monterrey, Nuevo León, 1994)
- TOFFLER, ALVIN. LA EMPRESA FLEXIBLE (Plaza & Janes Editores, S.A., México, 1986, 1a edición)
- WHITELEY, RICHARD C.; THE CUSTOMER DRIVEN COMPANY Moving from Talk to Action (Addison-Wesley, Massachusetts, 1993, 2a edición)

www.ingramcontent.com/pod-product-compliance
Lightning Source LLC
Chambersburg PA
CBHW071031290526
45795CB00004B/1181